現地取材400日で見えた

検証 ウクライナ侵攻10の焦点

朝日新聞取材班

開戦
占領
虐殺
攻防
爪痕
原発
ロシア
難民
欧米
全貌

朝日新聞出版

ウクライナ
現地取材400日

ウクライナ軍とロシア軍が激しく戦った通りには破壊された装甲車両が残り、焼け跡が黒く残っていた（2022年4月8日、ブチャ、竹花徹朗撮影）

首都キーウ近郊のイルピンで破壊された住宅前を歩く人たち(2022年4月15日、竹花徹朗撮影)

ポーランド国境に歩いて向かう人たち
(2022年2月26日、ウクライナ西部・シェヒニ近郊、遠藤啓生撮影)

ウクライナ中南部ザポリージャから西部リビウ行きのバスに乗る家族ら(2022年6月24日、矢木隆晴撮影)

ウクライナ西部・リビウに向かう列車内
(2022年2月27日、喜田尚撮影)

涙を流しながら、破壊された建物の前を歩く女性
(2022年4月9日、ウクライナ・チェルニヒウ、竹花徹朗撮影)

爆撃で破壊された集合住宅前には遊具が残っていた
（2022年4月10日、ウクライナ・ボロジャンカ、竹花徹朗撮影）

ロシア軍が占拠していた幼稚園には、タバコの箱や空の缶詰が残されていた
（2022年7月17日、ウクライナ・ヤヒドネ、細川卓撮影）

ウクライナ軍とロシア軍との戦闘で破壊された車両が残る道路
(2022年4月8日、キーウ近郊イルピン、竹花徹朗撮影)

多くの市民がロシア軍に殺害されたとされるイワナフランカ通り。
破壊された戦車が残る
(2022年4月13日、ブチャ、竹花徹朗撮影)

ロシア軍の攻撃を受けたホテル(2022年4月9日、ウクライナ・チェルニヒウ、竹花徹朗撮影)

砲撃で真っ二つになったアパートの前で遊ぶ子どもたち
（2022年7月16日、ボロジャンカ、細川卓撮影）

報道陣に公開された
地雷の捜索作業
（2022年5月27日、
キーウ近郊ゴレンカ、諫
山卓弥撮影）

チェルノブイリ原発前で警備するウクライナ軍の兵士
(2022年4月26日、竹花徹朗撮影)

スウェーデン南部ゴットランド島で、島の上陸演習に備える米軍の兵士(2022年6月7日、疋田多揚撮影)

ロシア国内で開催された、ナポレオン軍との「ボロジノの戦い」の再現イベント。子どもたちに愛国心を教える場にもなっている(2022年5月29日、モスクワ郊外ボロジノ、中川仁樹撮影)

ロシア軍と激しく戦った通りを歩くウクライナ軍の兵士（2022年4月8日、ブチャ、竹花徹朗撮影）

現地取材400日で見えた

検証 ウクライナ侵攻10の焦点

朝日新聞取材班

開戦
占領
虐殺
攻防
爪痕
原発
ロシア
難民
欧米
全貌

朝日新聞出版

ブックデザイン　渋澤弾・大庭早奈恵（弾デザイン事務所）

ロシア
チェルニヒウ
ヤヒドネ
ハルキウ
ドニプロ川
イジューム
セベロドネツク
リシチャンスク
ノボルガンスク
ドネツク
ザポリージャ
エネルホダル
(ザポリージャ原発)
マリウポリ
ミコライウ
ヘルソン
アゾフ海
黒海
クリミア半島
セヴァストポリ
ルハンスク州
ドネツク州
ドンバス地方

ベラルーシ
ポーランド
チェルノブイリ原発
ボロジャンカ
マカリウ
キーウ
リビウ
ウクライナ
スロバキア
ハンガリー
モルドバ
オデーサ
ルーマニア

はじめに

2022年2月24日、ロシア軍が隣国ウクライナに全面侵攻した。以来、多数の犠牲と被害を出しながら、1年近くを経て続く戦争は、様々な意味で歴史に残る出来事となるだろう。

第1に、この戦争は軍事的な規模においても政治的なインパクトにおいても、21世紀最大のものとなりかねないからである。冷戦後の世界で地域紛争は数多いが、当事者のロシアとウクライナのみならず、欧州各国、米国、中国から日本まで、これほどグローバルな影響と関与を招いた戦争は存在しなかった。

第2に、この侵攻はあからさまな侵略戦争であり、世界が長年にわたり築いてきた国際秩序への挑戦と見なされたからである。ロシアの行為には、国際法や主権尊重といった共存システムを力任せに変えようとする意図が含まれていた。もしそれが通用し、新たなモデルとして拡散していれば、殺伐たる弱肉強食の世界が幕を開けたかも知れない。

第3に、次第に明らかになったロシア軍の戦争犯罪行為が、各国の安全保障観や平和観を揺さぶるほど衝撃的だったからである。無抵抗の市民を拷問にかけ、処刑し、遺体を放置したキーウ近郊ブチャでの虐殺にとどまらない。南東部マリウポリのように街全体を破壊した例、エネルギー施設を標的として市民生活を崩壊させようと狙った例を含め、人間の尊厳を傷つける振る舞いが相次いだ。

朝日新聞は、侵攻の予兆がうかがえた2022年の年初から、ウクライナ国内を含めた各地の現場に記者を派遣し、戦況のみならず、この戦争の様々な姿を伝えようと努めてきた。普段ウクライナの動静を追う欧州の特派員のみならず、世界各地の特派員や日本の記者が、時にはウクライナに足を運び、時にはその任地で、取材にいそしんだ。本書は、その記録である。

戦争の現場ではしばしば、勇気と経験を備えた身軽なフリーのジャーナリストが機動的に動き、生々しい状況を伝えてくれる。その活動に最大限の敬意を払いつつも、組織ジャーナリズムにできることは何かを、私たちは模索した。それは恐らく、1人の力ではなかなか及ばない多様性や継続性であろう。それぞれの記者が異なる事実に基づき、異なる視点で報告する。同じ場所と同じ人を何度も訪ね、変化を記録する。その取材を、他の多くの記者やスタッフ、現地のコーディネーターたちが支援する。このような組織ならではの営みが本書に結実していると信じたい。

2023年1月現在、戦争は収まることなく続いている。ウクライナは当初の防戦から反撃に転じ、ロシアの企ては実現しそうにない状況ではあるものの、すでにこの間、罪なき多くの命が失われ、その数は今後も積み重なりそうである。2022年12月には、私が滞在していたホテルもミサイル攻撃の標的となり、同僚が負傷した。

ウクライナでは、何千万人もの市民がこのような恐怖の下での生活を強いられている。ロシア軍が撤退してウクライナに平和が訪れ、また犠牲者の無念が少しでも晴らされるよう正義が打ち立てられるのは、いつだろうか。その日に向けた何らかのヒントを本書が提示できれば幸いである。

（欧州駐在編集委員、前ヨーロッパ総局長　国末憲人）

第1章

［開戦］侵攻当初、何が起きていたのか

2022年2月24日、ウクライナの首都キーウ（キエフ）は曇り空だった。午前5時、ロシアのプーチン大統領は演説でウクライナに対する「特別軍事作戦」の開始を宣言。ほぼ同時にウクライナ全土へのミサイル攻撃が始まった。

ロシアによる侵略は回避されるのか、第3次世界大戦の危険さえはらむ戦争に突入するのか。私は侵攻が始まる前の1月にウクライナに入ったが、攻撃が始まる直前まで、この問いをめぐるウクライナの人々の考え方はさまざまだった。

「どう考えても、ロシアにとって得にならない戦争をプーチンが始めるわけがない」と考えた人もいれば、21年暮れから新年にかけて、早々とロシアに近い東・中部からより安全とみられた西部や国外へ退避する人がいた。

ただ、退避しなかった人々もみなが必ずしも侵攻があり得ないと考えたわけではなかった。

全面侵攻のきざしは、21年はじめから現れ始めていた。

米国でバイデン大統領が就任して間もなくの21年春、プーチン氏はウクライナ東部との国境や、実効支配下の南部クリミア半島に計約10万人とされる部隊を集結させた。このときの部隊はいったん撤退したが、武器、弾薬はその場に残され、10月末に再び10万人規模とされるロシア兵が同じ場所に集結した。

これを牽制《けんせい》する北大西洋条約機構（NATO）が黒海に艦船を展開し、双方が互いの目の前で演習に踏み切って、緊張は一気に高まった。

プーチン氏は強硬だった。米国とその同盟国に対し、NATOの拡大をやめ、最初に東欧諸国の加盟が決まった1997年の時点まで兵員・武器の配置を戻すこと、ウクライナのNATO加盟を認めないことを文書で確約するよう迫った。ロシアと米国、NATOの協議は侵攻の直前まで続いた。

当時、ウクライナの人たちの心境は複雑だった。

その8年前の2014年2月、ウクライナでは親ロシア路線だった当時の大統領が市民の抗議を受けて逃亡し、親欧米路線の臨時政府が発足した。これに反発したロシアは3月、クリミア半島を一方的に併合した。

ほぼ同時に親ロシア派の武装勢力がウクライナ東部の一部を占拠し始め、ウクライナ軍と武力衝突した。戦闘は翌年に停戦合意が成立した後も続き、ロシアの全面侵攻が始まる前までに、すでに民間人も含めて約1万4千人が犠牲になっていた。

全面侵攻の直前、にわかに関心を高めた外国メディアがキーウに殺到したが、取材に答える市民たちはその「軽さ」をたしなめるように「私たちはもう8年間もロシアの侵略と戦っています」と付け加えるのを忘れなかった。当時、人々の間でしばしば交わされた言葉は「パニックにならず、備えよう」だった。

ウクライナに対するロシアの侵攻は、止められなかったのか。

14年のクリミア半島併合やウクライナ東部への介入は、そのときも軍事力で国境線を変えてはならないとする国際秩序への挑戦と受け止められていた。

欧米は、クリミア併合後にロシアを主要国首脳会議（当時G8）から排除し、さまざまな制裁を科した。

だが、エネルギーをロシアに頼る欧州では対ロシア政策で不協和音が生まれ、個別にプーチン政権と関係を結ぼうとする国が出てきた。米国ではプーチン氏への好感情を隠さないトランプ大統領が誕生し、対ロシア政策が政治の駆け引きの材料になった。日本は北方領土問題解決の好機とみて国際的に孤立したプーチン政権に接近した。

このとき、米国や欧州各国が欧米以外の国々も巻き込んで、もっと強くロシアに国際ルールの順守を促すことができれば、結果的に全面侵攻を防ぐことができたかもしれない。

ただ、全面侵攻直前の時期に関して言えば、米国やNATOが交渉で侵攻を止められた可能性は極めて低かったというのが大勢の見方だ。

プーチン氏は、ロシアのペースで進んでいた米国、NATOとの安全保障をめぐる交渉でも、要求実現のため最後通告を突きつけることさえなく、一方的に打ち切っており、実際にその要求がどこまでプーチン氏にとって切実なものだったかにも疑問がある。欧米との交渉で時間を稼ぎながら、裏で着々と侵攻への準備を進めていたと考えざるを得ない。

ウクライナは本来、文化的・歴史的にロシアのものだった領土や住民を分け与えてできた「作られた国」だ――。プーチン氏は侵攻3日前の演説でそう主張し、ウクライナをめぐるゆがんだ歴史観も隠さなくなっていた。

2月24日、ウクライナは1991年の独立以来、最大の存亡の危機に立たされた。早朝のミサイル攻撃から間もなく、ロシア軍の戦車が東部、北部の国境を越えて地上戦を始めた。中でも世界に衝撃を与えたのが、電撃的な首都キーウ制圧作戦だ。キーウ北近郊のホストメリの空港に大量の兵員輸送大型ヘリコプターが飛来。降り立った空挺《くうてい》部隊が空港を占拠し、ウクライナ軍と激しい銃撃戦になった。一部は少人数でキーウ市内にも侵入し、攪乱《かくらん》を狙ったゲリラ的な銃撃戦も始めた。

キーウではその日、防空シェルターになった地下鉄の駅に人々が殺到。首都脱出をはかる車が大渋滞を作り、鉄道駅では西部に向かう列車に乗ろうとする人で一時的なパニックが起きた。

ただ、間もなく、短期間でウクライナのゼレンスキー政権の転覆を狙ったとされるプーチン氏のもくろみは外れる。

ホストメリのウクライナ軍部隊はロシア軍に一部のゲリラ部隊の首都侵入は許したが、それ以外は進軍を郊外で食い止めた。空港施設を破壊し、後続部隊の着陸も不可能にした。ホストメリの北30キロのデミディフ村では、ドニプロ川の水門を破壊し、一帯を水没させて、地上からキーウを目指し南下してきた戦車部隊を押しとどめた。

そして、プーチン氏のウクライナ侵攻は迷走を始める。ウクライナの市民と双方の兵士に多大な犠牲を強いながら。

本章では、ロシアの攻撃があるのかないのか、不安にさいなまれた侵攻前のウクライナの人々の表情や、その間も挑発的な攻撃を繰り返した親ロシア派武装勢力とウクライナ軍の戦闘の前線の様子、侵攻開始直後のキーウの混乱、激しかった首都制圧戦をめぐる攻防を、ルポや現場からの証言で伝える。（国際報道部員・喜田尚〈前モスクワ支局長〉）

開戦前「その時は戦うだけ」

ロシアが軍事侵攻する直前の2月中旬は流動的な情勢が続いていたが、ウクライナの首都キーウでは多くの市民がふだんどおりの生活を送っていた。同月21日にはプーチン大統領がウクライナ東部の親ロシア派組織の支配地域の独立を承認し、軍の派遣を指示。ロシアによる侵攻が現実味を帯びるなか、この時点では楽観的な見方をする市民も少なくなかった。

「真剣には受け止めていません。そもそもあの地域はロシアの影響力があったし、すでにロシア軍もいたかもしれないので」

22日朝、キーウ中心部の独立広場。近くの飲食店に通勤途中のダニルさん(22)は苦笑いを浮かべた。今回のプーチン氏の決定は、自身の生活には影響しないと思っている。

「家族も親戚も退避は考えていない。ロシア軍が本当にキーウに来るなら、その時は戦うだけです」

独立広場は2014年に市民と治安部隊が衝突し、当時の親ロシア路線の政権の崩壊(マイダン革命）をもたらした象徴的な場所だ。だが、この日もいつものように仕事に向かう人たちや、コーヒーを片手にベンチに座る人の姿が見られ、穏やかな雰囲気だった。近くの地下鉄の駅は通勤する市民らで混み合っていた。

夜勤明けだというバワディスワフさん（25）は、外国メディアが情勢の緊迫度を誇張していると感じている。「東部地域の独立承認は、また政治ゲームが始まったというだけ。（親ロ派が東部の一部を占拠した）8年前から、ずっと東部は同じ状況ですから」

政権が掌握する東部ドネツク州の街から1週間前にキーウに来たというイェレナさん（46）は、「そんなニュースあったの？」と聞き返してきた。「私は避難したわけではなく、仕事を探しにキーウに来ただけ。生活のためにも、何も起こらないことだけを願っています」と話した。

一方で、プーチン氏への憤りを口にする人もいる。農業関係の会社で会計担当をするダリアさん（33）は「失望した。彼はクレージーで、冷戦時代を生きているような人だ」と批判した。ロシアが侵攻してもキーウは安全だと考え、今のところ退避は考えていない。ただ、夫と相談し、自宅には大きなスーツケースに貴重品や大切な書類を詰め込んで万が一に備えているという。

「ウクライナ軍は8年前より強くなったし、何も起きないと信じている」と話すダリアさんだが、ロシアによる侵攻への恐怖は頭の片隅に常にある。「そうなれば、私たちは独立から約30年で築いてきたすべてを失うかもしれない」

キーウ周辺の市民からは楽観の声も聞かれる一方、親ロシア派勢力と政府軍がにらみあいを続けるウクライナ東部の前線では、一触即発の緊迫した状況が続いていた。2月19日、ウクライナ東部の前線基地に記者が入ると、そこには8年前から続く紛争の現実が広がっていた。

雷のような音が遠くに聞こえ、地面が揺れた。それが次第に近づき、内臓を突き上げるような重い砲撃音に変わった。

東部ドネツク州ノボルガンスクの郊外。基地の周囲には、攻撃を受けた際の衝撃を和らげる土《ど》嚢《のう》がびっしりと積まれていた。

ロシアがウクライナからクリミア半島を一方的に併合した2014年、東部ではドネツク州とルハンスク州の一部を親ロ派の武装勢力が占拠した。15年に停戦合意が成立した後も事実上の紛争状態が続く。

記者は、ウクライナ政府が主催した内務相の視察に同行。欧米や地元の記者ら30人以上が参加し、治安部隊が行動をともにした。

基地の青い扉を開くと、天井の高さが2メートルほどの狭い空間に、兵士が銃を構えて立っていた。壁には、22年の年明けを祝う絵が飾られている。兵士の子どもが描いてプレゼントしたも

塹壕で警戒を続ける治安部隊の隊員＝2022年2月19日、ノボルガンスク、遠藤啓生撮影

ののようだった。

内部には人ひとりが通れる塹壕《ざんごう》が掘られ、各部屋を行き来できるようになっていた。親ロ派勢力との位置関係を示した地図や、周囲を監視するモニターは撮影しないようにと注意を受けた。頭二つ分ほどの大きさの窓から外を見ると、寒空の下に枯れ木が無数に立ち並んでいた。約１２０メートル先が親ロ派の支配地域だという。

「ドーン」。遠くで小さな音が聞こえ、少しだけ地面が揺れた。何事か兵士に尋ねると、「砲撃だ。ただ、ここにいれば大丈夫だ」と気にするそぶりはなかった。

ところが、数十秒おきに重低音が近づいてきて、兵士らが電話で連絡を取り合い始めた。「今すぐ別の部屋に移れ」。かけ声を合図に頭を低くして塹壕を駆け抜け、記者らは一室に集められた。「外には出るな」。上官が厳しい口調で言った。

兵士らの指示に従い、バスに向かった。数百メートル先に立ち上った白い煙が2本見えた。重低音は次第に大きくなり、空気を切り裂くような鋭い音に変わっていく。15分にも満たない取材の間に、10発以上の砲撃音が聞こえた。この間、ウクライナ側からの反撃は確認できなかった。

一方、ウクライナ軍の前線基地から車で10分ほどの市街地は、静寂に包まれていた。立ち並ぶ5階建ての集合住宅には人影がなく、ベニヤ板や段ボールで目張りされた窓もあった。商店だったであろう建物は荒れ、小学校のそばにあるサッカー場でボールを蹴るのは2人の少年だけだった。

この街にも19日朝、複数回の砲撃があった。

「なんでこんなところにいるの？」。外国人を珍しく思い記者の方に寄ってきた小学生のルスワン君（9）は「爆発はあったけど、ここにはご飯もあるし、みんな普通の生活をしているよ」と教えてくれた。「僕は怖くない」と付け加え、連れていた茶色い大型犬の頭をなでた。隣にいたリアラさん（11）は「私は少し不安。学校では、先生に『パニックにならないように』って言われた」とつぶやいた。

記者はこれまで、過激派組織「イスラム国」（IS）に徹底的に破壊されたイラクの都市や、内戦で住むことができなくなったシリアの街を見てきた。だが、冬の寒空にたたずむノボルガンスクの物寂しさの方が、より際立って見えた。

街の周辺には、紛争の痕跡が生々しく残っていた。

道路わきの草むらの地雷原には、除去したかどうかを示す赤と青の看板が掲げられ、雑草や落ち葉に覆われたコンクリートの道路には焼けて放置された車があった。地元住民によると、親ロ派と政府軍の戦闘が起きた14年以前に約4千人だった人口は、1500人ほどに減ったという。モナスティルスキー内相によると、東部地域では14年以降に親ロ派側の攻撃により約4500の建物が被害を受けたという。

本を片手に歩いていたイェレナさん（50）は、「逃げる人たちは、とうの昔に出ていった。今はただ、何も起きないことを望んでいます」と話した。

侵攻開始「キーウで起きたこと」

2月24日未明、明け方の空に突然、爆音が響いた。同日に始まったロシア軍によるウクライナ侵攻は、首都キーウや他の主要都市をほぼ同時に空から急襲し、続いて地上侵攻する大規模なものとなった。世界を震撼させた侵攻初日、キーウでは何が起きていたのか。現地に滞在していた記者が目の当たりにした光景をお伝えする。

2月24日未明。耳元に置いたスマートフォンの画面が突然明るくなり、目が覚めた。午前5時。スマートフォンで受けたロシアの通信社の緊急速報だった。

プーチン氏の演説はすでに始まっていたようだが、聞き逃した。「特別軍事作戦の始まり」が、そのまま、ウクライナに対するロシアの侵攻開始を告げるものなのか、頭がボーッとして、しばらく判断がつかなかった。

急いでウクライナのテレビをつけたが、まだ前夜の討論番組の録画放送をしていた。

しかし、直後に事態ははっきりした。私がいたホテルの部屋にも「ズーン」「ズーン」という爆撃音が届き始めたからだ。キーウが空爆されているようだった。

私はまず、まだ眠りについているであろうモスクワ支局の同僚を通話アプリで起こし、伝えた。

「戦争が始まった」

4階のホテルの部屋から通りを見下ろすと、街の明かりはついている。冷静になって耳を澄ますと、爆撃音はやや遠い。大きなドニプロ川を挟んでキーウ中心部と反対側の左岸地域の離れた場所のようだ。おそらく、キーウ郊外のボリスピル国際空港か近くの軍事施設が攻撃されているのだろうと察しはついた。

午前8時過ぎ、ホテルから歩いて10分の場所にある地下鉄駅に向かった。道中にある銀行ATMは、どこも長い行列ができていた。携帯電話を耳に当てて深刻そうに話をしている女性は、大きな荷物の上にペットの犬を入れたバッグを置き、片手で押さえていた。平日のラッシュ時だが、さすがに人影は少なかった。

侵攻初日の午前8時ごろ、閑散としたキーウ市内で路面電車を待つ人々＝2022年2月24日、キーウ、喜田尚撮影

そこには、まだ日常もあった。地下鉄駅に近い路面電車の停車場では、コーヒーや軽食を売る売店が開いていて、人が集まっていた。市内在住の女性ナージャさん（50）は、勤め先に出勤したら「すぐに家に帰って外に出ないように」と言われた、と話した。「たぶんキーウに私は残ると思う。見てみましょう、何が始まるか」。そう話すナージャさんは、ロシア軍の侵攻を予想していたという。「もちろん怖いし、みんなが怖がっている」

話を聞いてその場を去ろうとすると、ナージャさんは私を呼び止めて、こう付け加えた。

「希望があれば生きられるし、生きれば希望があるのよ」

【侵攻初日の午後】

ホテル近くの地下鉄駅で市民への取材を終えた記者は、いったんホテルに戻った。

午後、中心部から北西約二十数キロの軍用空港で戦闘が始まったという情報が伝わってきた。キーウとロシア軍が駐留するベラルーシ国境との距離は100キロもない。

ロシア軍が国境を突破したという情報はあったが、いきなりキーウ近郊で戦闘が始まったのは、政府幹部らによると、ロシア軍が人員輸送機で空から降下部隊を投入したからだった。ロシア軍の侵攻が、私たちの予想を超える速さで進むのを実感した。

ホテルの部屋の窓から、人気がなくなった通りを工事用トラックが土を満載して走り去るのが見えた。近くにバリケードを作りにいくようだ。

私が宿泊していたホテルは、地元で「ポディル地区」と呼ばれるドニプロ川沿いの地域にあった。中心部の独立広場や官公庁街から丘を一つ挟んだ下町だ。

当初は、便利な独立広場わきのホテルに宿泊していたが、ロシア軍が侵攻してきた場合の危険を考え、滞在先を変えた。米国、欧州各地に展開する国際ホテルチェーンで、欧州や南米の中堅どころのメディア記者も少なくなかった。

私は2014年のウクライナ危機の際も、このホテルに泊まっていた。独立広場で、当時の親ロシア政権に抗議する人たちが治安部隊に銃撃されたのを機に政権が崩壊し、反発したロシアがクリミア半島を併合するまでの時期に、取材拠点として使っていた。

侵攻初日の午後から、そのホテル内の様子も一変した。フロントの電気は消され、いつも笑顔で接客してくれる若いホテルマンたちや、客室係の従業員らは姿を消し、数人の私服姿の職員に変わっていた。

宿泊客は午後の早い時間に地下の駐車場に集められ、そこが臨時の地下シェルターになることを告げられた。ほかに避難する手段のある宿泊客らは去っていき、残ったのは30人ほどだった。

その日の夜、いったん部屋に戻ったが、ミサイル攻撃が続いたため、午前3時ごろには再び地下に避難するよう指示された。結局、2日目からは、ほぼすべての時間をこの地下駐車場で過ごすことになった。

地下シェルターとして使われたホテルの地下駐車場。各国メディアの記者がいた＝2022年2月24日、キーウ、喜田尚撮影

電波は弱かったが地上階のWi-Fiは使え、電源もあった。地下に私たちメディア陣はテーブルを持ち込んで仕事を続けた。地下にこもってもウクライナ政府幹部らと通信アプリで連絡は取れ、さまざまな情報の真偽を判断することもできた。

戦場取材は何度か経験したが、こういう場合、特に単独や少人数で現場にやってくるメディア記者は情報を交換し合い、国籍を超えて結束する。緊迫した状況下で、記者仲間がいるのは心強かった。スマートフォンで自撮りしながら「立ちレポ」をする記者もいた。

【侵攻2日目】

侵攻2日目の午前中、市内のオボロニ地区で戦闘があったとのニュースが伝わってきた。私がいるポディル地区と同じドニプロ川沿いで、数キロ北だ。

前日、郊外の軍用空港に着陸したロシア軍降下部隊の一部だろうか。地元報道などによると、数人がウクライナ軍のトラックを奪って市内に侵入。ウクライナ軍と銃撃戦になり、殺害されたという。

午後に入ると、地下にいても、かなり近い場所で銃撃音が響くのが聞こえた。ホテルのスタッフらは即座に、駐車場と地上をつなぐ防火扉の近くから我々を遠ざけた。

さすがに、このときはしばらくかたずをのんだが、結局、間近に銃撃音が聞こえたのは1回だけだった。侵入したロシア兵の単発の挑発行為か、あるいはウクライナ側の警告射撃だったのかもしれない。

ホテルのスタッフたちのテキパキとした差配には感心させられた。侵攻初日、まだ私たち宿泊客が各自の部屋に残っていたときには、非常階段を使って最短の時間で地下駐車場に達する通路を作り、客が入っていない部屋はドアを開け放しにして固定していた。不審者が紛れ込まないようにするためだ。

地下駐車場と通路でつながった場所には従業員用の更衣室や休憩室があり、食事は朝と晩、その賄い部屋で提供された。そこには、私たち宿泊客と同じくらいの数の小さな子どもたちや高齢者がいた。

侵攻が始まってから連夜泊まり込みで勤務するスタッフたちの家族だった。ホテルはあらかじめロシア軍侵攻時の対応を決め、開戦と同時に一般のローテーションの職員を帰宅させる一方、非常事態に対応できる職員を配置して、このスペースを家族の地下シェルターとして提供することで、彼らの勤務を可能にしていた。

【侵攻3日目】

ロシア軍の侵攻開始から3日目の2月26日。記者は空爆と散発的な銃撃戦が続く首都キーウからの脱出を決めた。同日午前、鉄道でウクライナ西部リビウに向かうため、キーウ駅に向かった。

当初は最後までとどまり、ロシアによる侵攻の行方を見極めるつもりでいた。しかし、ウクライナ軍とロシア軍の首都攻防戦が始まり、前日は滞在先のホテルで退避を指示された地下の駐車場から、ほとんど出られなくなっていた。

外出禁止令が解ける午前7時を迎え、キーウに最後まで残って取材を続けるのは難しい状況と判断せざるを得なくなっていた。東京本社の指示を受け、キーウからの退避を決めた。

脱出は日を追うごとに難しくなっていた。

侵攻が始まった日から地下鉄も、他の都市に向かう鉄道も、退避する市民が混乱を起こさないよう、すべて無料になっていた。

ただ、キーウ市は地下鉄を万が一の地下防空壕としても市民に開放しており、私が退避を決めた日の朝、一部路線の列車の運行が停止になった。

ゼレンスキー大統領が「非常に難しい夜になる」と言ったその夜、想定以上の数の人々が地下鉄に逃げてきたからだ。集合住宅が多いキーウで、独自に退避できる地下室が自宅にある人は少ない。地下鉄の収容スペースを増やす必要があった。

地上では、ところどころで銃撃戦が起きていた。内務省幹部によると、キーウへの本格侵攻を前に、少人数で街に紛れ込んだロシア兵があちこちで銃を連射しては逃げる攪乱《かくらん》作戦のようだった。

私がいる場所から中心部を挟んで反対側にある鉄道駅までは乗り換えを含めて4区間。歩いて行くのは危険だった。

車だと渋滞で身動きが取れなくなる恐れがあるため、列車でキーウから退避することにした。侵攻開始の日から行動をともにしているウクライナ人のフリーランス記者、同じホテルにいたオーストリア人記者、出張中というウズベキスタン人のビジネスマンとともにセダン車に乗り込み、駅に向かった。

土曜日の午前10時半だというのに、独立広場から駅のある南西方向への片側4車線の大通りに、車の姿はほとんどなかった。ふだんはにぎわう市中心部は、ゴーストタウンになっていた。

午前11時半、キーウの鉄道駅。低い音の空襲警報が街に響いて間もなく、駅の上空を戦闘機が通過した。轟音《ごうおん》が響き、列車待ちの乗客らが空を見上げると、雲の糸を引きながら西の方角から東へ。みなの視線がその行く先を追う。

やがてプラットホームの屋根の陰に隠れ、姿が見えなくなった。上空で急旋回し、方向を変えたのか。

「ウクライナの戦闘機か」。肩が触れあう混雑の中で誰かが誰にともなくたずねる。

「まさかロシア機じゃないだろう」。もう一人が不安そうに答えた。誰も確信が持てないのだ。

そのあと、声は続かなかった。

鉄道でキーウを離れるにあたって不安だったのは、駅舎や列車内のパニックだった。前の日には、ホームに列車が入った際、すし詰めになった乗客が入り口に殺到し、警察官が上空に警告射撃をする映像がインターネットで出回っていた。

しかし、私が駅に行った侵攻3日目は、そうした混乱はなかった。すべてのホームが空っぽだったときに、最初に到着した列車に人々が我先にとドアに殺到して一瞬叫び声も上がったが、駅職員らが「このあとも次々と別の列車が入ります」と説明してまわった。

キーウ駅で2月26日、最初に到着した列車に乗ろうと殺到する人々＝喜田尚撮影

警官と駅職員らが並んで家族連れを優先して乗車させ始めると、乗客たちは落ち着きを取り戻した。地元の人が話すウクライナ語やロシア語を理解できない外国人も多かったが、駅員の一人が手を上げてそうした人々を自分の周りに集め、英語で運行状況を説明した。

もともとこの駅には日本のように改札口があるわけではなく、駅舎を通らなくてもホームにはどこからでも入れる構造だ。さらに、退避する市民が混乱を起こさないよう、運賃が無料になっていたので、切符売り場に並ぶ必要もなかった。混雑しているとはいえ、人の流れはできていた。

列車の運行は、避難者専用の特別態勢を取っていた。多くの人が目指すリビウ行きの直行列車はなく、行き先は西部、南西部の複数の都市に分かれていた。行く先々でリビウ行きの接続列車が用意されているのだという。

私はホテルから車で同乗してきた仲間たちと話し合って、西部のフメリニツキー行きの列車に乗ることにした。ふだんなら4～5時間で着くが、迂回《うかい》コースをたどるため何時間かかるかわからないという。

私たちは1時間半ほど待って、列車に乗り込んだ。ホームに入ってきたのは正午過ぎだったが、出発したのは午後3時。ようやく列車が動き始めたとき、長い間待たされた乗客は安堵の声をあげた。

列車は満員だった。棚や席に置けない荷物があちこちにあって通路をふさいでいたが、文句を言う人はいない。乗客は疲れからか、列車が動き出すとほっとして、眠り始める人が多かった。同行のオーストリア人記者は前夜からほとんど何も食べておらず、空腹を訴えた。だが、開いている売店などない。6人掛け座席の向かいに座った子ども連れの女性が、私たちにビスケットと棒チョコを分けてくれた。私たち外国人一行を見ると、英語で「大丈夫ですか」と声をかけてくれる人も複数いた。

ホテルから同行したウズベキスタン人のビジネスマンは、同国の首都タシケントの物流会社経営者。商談に来て、母国の在ウクライナ大使館の指示で、リビウからそのままポーランドに向かう列車に乗るという。落ち着くと私に、「こんな戦争はおかしい。ロシアは間違えている。何で民衆を苦しめるんだ」と、とうとうと語り始めた。

列車がキーウ郊外にさしかかったとき、地域の自警団とみられる人たちが自動小銃を持ち、土《ど》嚢《のう》を積んで建物を守っているのが見えた。

日が落ちると列車はスピードを上げて走り始めた。

終点のフメリニツキーに着いたのは午後10時半。キーウ駅で説明されたとおり、別のホームにはすでにリビウ行きの列車が待機していた。

ちょうど1時間後に出発し、リビウ駅に着いたのは、ロシア軍の侵攻開始から4日目の午前4時だった。

国境での別れ「パパは一緒に行かないの?」

何度も抱擁し、再会を誓い合う人たち。ロシア軍による攻撃が続く3月3日。ウクライナから国外に逃れた人が100万人を超える中、国境付近では家族が引き裂かれる光景が広がっていた。

隣国スロバキアとの国境の街、ウクライナ西部のウジホロド。3月3日午前に訪れると、100人以上が出国のための列をつくっていた。家族連れの姿が多いが、最前列まで行くと男性はそこにとどまり、外国人以外で先に進むのは女性や子どもばかりだ。

中年の男性が、妻や娘とみられる女性と抱き合っていた。一度は別れを口にしたが、再び抱き合い、離れない。女性たちがスロバキア側に下る坂を歩いていくと、男性はその姿が見えなくなるまで立っていた。

右手で涙をぬぐう男性に話しかけると、「ごめんなさい。今は話をできるような心境ではないです」。去り際に、「これは悲劇以外の何物でもない」とつぶやいた。

国連難民高等弁務官事務所（ＵＮＨＣＲ）によると、国外に逃れた人はこの時点で約１２０万人を超えた。半数以上がポーランドに脱出し、ハンガリーやモルドバ、スロバキアにも避難している。

一方、ウクライナでは総動員令により、18～60歳の男性は招集の可能性があるため基本的に国を離れることができない。また、「ロシアと戦う」として志願兵になる人もおり、避難するのは子どもや女性がほとんどだ。

「娘はこの状況を何もわかっていない。わからないまま過ごしてくれた方がいい」

自動車修理工のミハイロ・ポペンコさん（30）は、ピンクの防寒着姿のオレクサンドラちゃん（2）と、妻ビータさん（30）を送り出した。

自宅のある西部ラヒフはこれまでのところロシア軍による攻撃はなく、他の地域に比べて平穏だという。ただ、他の地域では侵攻から1週間が経ってもロシアによる攻撃は激しさを増すばかり。もしかしたら明日、ミサイルが飛んでくるかもしれないという恐怖で、国外退避させることに決めた。

「一緒にとどまりたい」と泣く妻に、「何も心配することはない」と説得。出発前夜、ふだんは

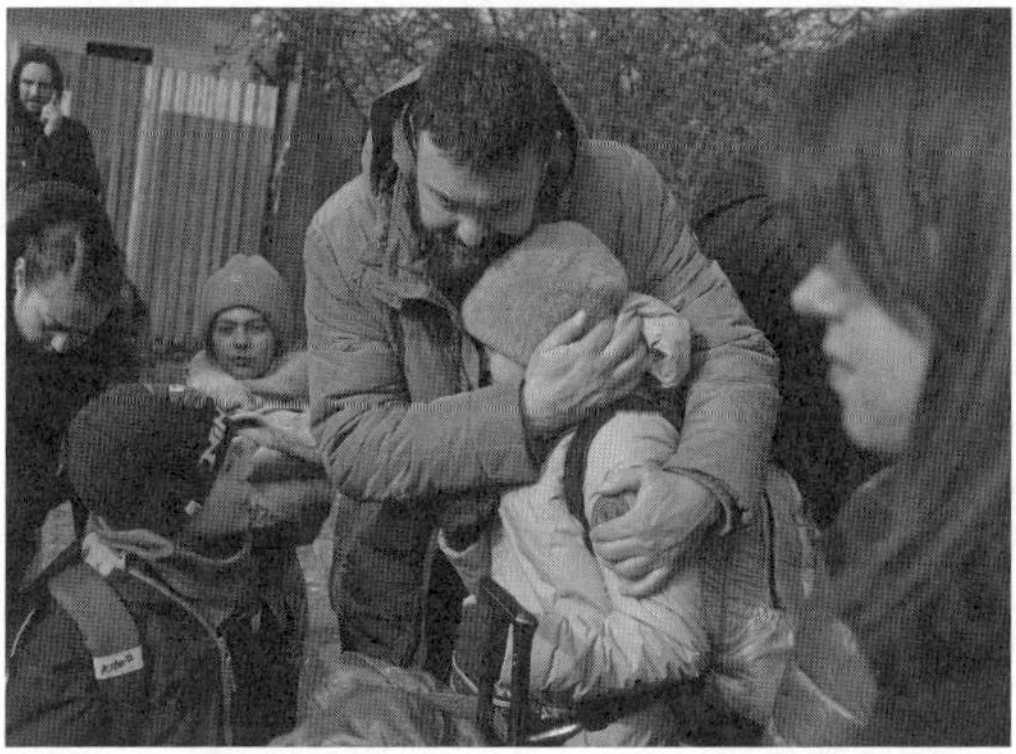
スロバキアとの国境の前で子どもを抱き寄せる父親＝2022年3月3日、ウクライナ西部・ウジホロド、遠藤啓生撮影

別々に寝ているオレクサンドラちゃんと添い寝して過ごした。家族の安全のためだと決断したはずなのに、寝顔を見ていたらどうしようもなくつらくなって、涙が出てきた。

オレクサンドラちゃんは人なつっこく、誰にでも笑顔を振りまいてくれるという。「ロシアが何をしてくるのかまったくわからない。家族と別れるのは、最も大切なものを失いたくないという一心からです」

国境付近で避難者に炊き出しや食料配布の支援をしている地元住民のビクトール・トロヒメッツさん（35）は、「毎日、家族が離ればなれになる光景に遭遇し、見るのもつらい。でも、男性が国を出てしまえば誰がウクライナを守り、ロシアと戦うのか。我々にはそういう責任がある」と訴えた。

ウジホロドから約25キロ離れた、ハンガリーとの国境チョップでは、20台のバスが検問所の通過を待っていた。バスの中にいるのは、ほとんどが女性と子どもだ。

イタリア行きのバスに乗っていたウリャーナ・クシェイさん（32）は、6、7、10歳の子ども3人を連れていた。前日の午後11時に国境に到着したが、16時間以上待たされていた。

住んでいる西部リビウに近い街では、多くの女性や子どもが避難を始めた。夫のユリィさん（43）は予備役のため、招集されれば家族に付き添うことができなくなる。今後の状況が読めないなか、今のうちに退避することに決めた。

子どもたちは、「なんでパパは一緒に行かないの？」とせがんでくる。クシェイさんも同じ思いを抱き、複雑な感情を吐露した。「夫が国を離れては誰がウクライナを守るのか。もちろん理解はできます。でも一方で、私はやっぱり夫と一緒にいたいです」

陥落か死守か？　キーウをかけた激戦

ロシア軍は2月24日に侵攻を始めると、北方から首都キーウへと向かった。都心への最短ルートをめぐっては、3月にかけて熾烈《しれつ》な攻防戦が繰り広げられていた。ウクライナ軍は、首都への進軍をいかに阻んだのか。同年7月に現地を訪ねると、その痕跡が残っていた。

ウクライナの首都キーウ近郊に、あまり知られていない激戦地がある。

村の名はモシュンという。どれだけの人が聞いたことがあるだろうか。ロシア軍による民間人の虐殺行為があったブチャのすぐ隣、森に囲まれた人口1千人ほどの小さな村だ。

「私はこの村で戦っていた隊長の一人です」。検問所で出会った軍服姿の若者は言った。

「我々は360人で戦いました。最後まで無事に生き残ったのは私を含めて20人余り。キーウを目指す数千人のロシア軍をここで食い止めたのです」

兵士はアレコ・チェティヤさん（25）。ウクライナ陸軍「第72機械化旅団」の上級中尉だと名乗った。

360人が戦って、無事に生還した兵士は20人余り――。信じがたい数字だが、チェティヤさんは続けた。「約5％しか最後まで生き残らなかった。ここでは、そういう戦いがあったのです」

首都まで3キロ　勝負分けた激戦地

「ここを通ればキーウへの最短距離になる。だから激戦地になったのです。両軍が村を挟んで撃ち合いになりました」

村の中に進むと、チェティヤさんの言葉の意味がわかった。壊れていない住宅を探すのが難しいほど、あらゆる建物が破壊されていた。

「9割の住宅が壊された」と住民たちは言った。キーウ州内でも最大規模の被害にあたる数字という。

ウクライナ軍のザルジニー総司令官は、イルピンと並んでモシュンをキーウ攻防戦における「勝負の分かれ目」に挙げている。キーウ市内までわずか3キロ。兵士たちは首都の間際で、多大な犠牲を払いながらもロシア軍を食い止め続けた。

「イルピン川を渡らせるな」

これがモシュンで戦うウクライナ兵に与えられた指令だったという。

キーウ北西部での戦いを担ったウクライナ陸軍「第72機械化旅団」のうち、3人が顔を出さないことを条件に取材に応じた。3人はセルギー(36)、オレクサンダー(40)、ユーゲニー(23)と名乗り、名字は明かさなかった。

最前線での戦いは熾烈を極めたという。3人はいずれも「歩兵」。イルピン川を挟み、キーウを目指すロシア軍と向き合った。昼夜を問わず、激しい砲撃戦が2週間以上も続いた。

戦力はロシア軍が圧倒的に優勢だった。兵士の人数も兵器の数も、ロシア軍の方が「数倍以上」だったという。

「相手のドローンが常に上空を飛んでいた。上下左右に動き回り、撃ち落とすことなんてできない。我々の居場所は丸見えだった」

一方のウクライナ側には当時、ドローンはなかった。地図を片手に、砲撃の音などを頼りに相手の位置取りを見極め、味方の砲兵に伝えるしかなかった。

「敵の砲撃部隊を撃破する必要があったのに、相手の位置がつかめなかった。対するロシア軍は、とにかく防衛ラインを突破しようと我々に砲撃の雨を浴びせてきた。分の悪い戦いだった」

3人は、村内に「裏切り者」がいたとも証言した。「何度も我々の陣地に来ては、『助けてくれ』と訴える住民がいた。だが毎回のように、20分ほどするとロシア軍のドローンが飛んできて、砲撃で狙われた」

ユーゲニーさんは「あいつはロシアの協力者だったに違いない」と言った。こうした協力者の存在は、ウクライナ各地で報告例がある。この男性はその後、砲撃戦に巻き込まれて死亡したという。

ロシア軍による通信妨害にも手を焼いた。無線機は使えなくなり、他地域での戦闘状況はわからなかった。

3人はいずれも、3月10日前後に砲撃の破片を浴び、負傷して戦線を離脱した。左手を負傷したセルギーさんは、当時を振り返った。

「まさに地獄だった。ウクライナ軍は敗走していると思っていた。戦線を離れ、初めてキーウを防衛できていることを知った」

橋を架けてイルピン川を突破しようとするロシア軍に対し、ウクライナ軍は砲撃を繰り返して阻止を試みた。

だが3月10日、3度目の試みでロシア軍は川を越えることに成功

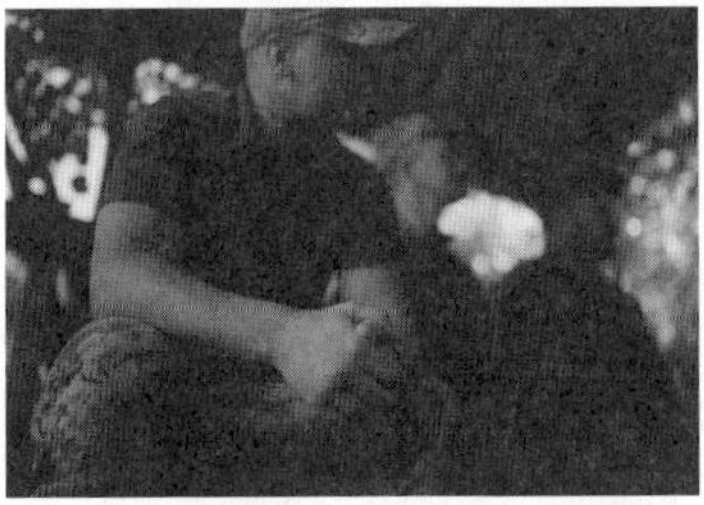

モシュンでの戦闘について語る3人のウクライナ軍兵士＝2022年7月16日、細川卓撮影

する。ロシア軍は村内へ本格的に侵入、戦いは接近戦になり、激しさを増していった。

大半の住民が村外に避難したが、戦闘中も取り残された十数人の住民がいた。そのうちの一人、ユーリー・コブゼフさん（73）はこう証言する。

3月6日、避難しようと友人宅に向かう途中に、ロシア兵に出くわした。

「手を上げろ。地面に伏せろ」。白い腕章をした兵士が25メートルほど先からライフルを向けてきた。地面にかがもうとした瞬間、右腕と右足、左腰に計5発の銃弾を受けた。

相手は25歳ほどのロシア兵だった。5人で友人宅に乗り込んでくると、「ウクライナ兵はどこだ」と家中を捜し回った。

取り残された住民らは、自宅の地下などに身を潜めて激戦をしのいだ。だが途中で避難を試みたり、ロシア兵に地下室で見つかったりして殺された住民もいた。

村内には、ロシア軍が拠点にした跡も多く残されていた。ある民家の地下にはマットレスや布団が並び、血のついた包帯や点滴の袋などが落ちていた。負傷したロシア兵の治療拠点だったとみられる。

徹底抗戦「最後まで守り抜け」

別の民家では、2階の一室が「攻撃拠点」となっていた。窓際に砂袋が積み上げられ、周囲には銃弾の薬莢《やっきょう》が散らばっていた。「窓から外のウクライナ兵を狙っていたようだ」と住民は言った。

両軍は互いに民家に隠れながら、村内で攻防を繰り返した。互いの砲撃によって、多くの民家が破壊されていった。戦闘は、ロシア軍がキーウ周辺から撤退を始めた3月20日過ぎまで続いた。冒頭で紹介した隊長のチェティヤさんが、壮絶な戦闘の一端を取材で明かした。「イルピン川の防衛ラインを守ることが絶対だった。そこを突破された時点で、我々は半数の兵士を失っていた」とチェティヤさんは言った。

村に侵入したロシア軍に対し、ウクライナ軍は徐々に引いて敵をおびき寄せては、側面から不意打ちする奇襲作戦で対抗した。ロシア軍の犠牲も千人規模にのぼり、村内には両軍の死体が散乱したという。

「アルハンというニックネームで呼ばれる男がいた。そいつは軍用車両に乗り、ロシア軍に包囲されたんだ。車を武器ごと奪われそうになり、最期はロシア兵も巻き込んで車両ごと自爆して死んでいった」

壮絶な戦いが続くなか、司令官からは「モシュンを最後まで守り抜け」との指令が出続けた。「敵の砲撃やライフルによる攻撃で、味方はバタバタと死んでいった。とても指令を守れる状況にはなかった」

チェティヤさんは、自ら指令を破ったと告白した。戦闘の終盤、生き延びていた20人ほどの隊員を後方へと撤退させたのだという。「森の中に隠していた2台の軍用車両に乗せて彼らを逃がした。指令を守って戦場に残った兵士はほとんど、生きて帰らなかった」

「指令を破ったことで、私は司令官に罵倒された。でも兵士は生きて帰らなければならない。あの判断は誇りに思っている」

今回、実際に戦いを知る隊長クラスに取材できたのは偶然だった。死傷を免れた兵士の多くは、東部の激戦地に転戦しているためだ。

「私も3日後に、前線に行くことが決まっている」。チェティヤさんは取材の最後に、そう語った。

モシュン村では360人が戦い、無事に生還したのは20人余りだった――。

チェティヤさんが証言したこの数字が正確かどうかは、正式には確認が取れなかった。軍はウクライナ兵の詳細な死傷者数を公表しておらず、取材に対し「戦争が終わるまでは明かせない」と回答した。

今回の戦争では、ロシア軍の苦戦を伝える情報がとりわけ多く報道やSNS上で拡散されたが、情報に偏りが生まれていることは否めない。米国の軍事専門家は「ウクライナ側の被害状況が見えていないことを自覚しなければ戦況を見誤る」とも警告する。

戦争において、自軍の被害は重要な機密情報の一つだ。ウクライナ政府は6月、侵攻100日目までに1万人の兵士が死亡したと明かしたが、詳細な内訳は不明。一方、ロシア軍の死者は1万5千人に及ぶとの試算が欧米の情報機関からは出ている。

首都キーウを守り抜いたウクライナ軍は当時、どれだけの犠牲を強いられたのか――。ロシア軍の侵攻がもたらした本当の代償の大きさが明らかになるのは、まだ先のことになる。

［この章の筆者］イスタンブール支局長・高野裕介／喜田尚／アメリカ総局員・高野遼

第2章

［占領］閉ざされた空間で起きた被害

「反戦平和」のスローガンが示すように、多くの紛争の場で、「平和」とは「戦闘がないこと」を意味している。停戦が実現すれば、曲がりなりにも平和が訪れるはずだった。その常識を覆したのが、ロシア軍によるウクライナ侵攻である。

2月24日、ベラルーシ領から南下したロシア軍は、ウクライナの首都キーウに一気に迫り、キーウ北西郊外ブチャを2月末に占領した。しかし、小さな川を隔てて対岸のキーウ側に位置するイルピンのウクライナ軍は持ちこたえ、ロシア軍の進軍を阻んだ。両軍は約1カ月、にらみ合ったまま膠着《こうちゃく》状態に陥った。

したがって、この間、ロシア軍の占領下にあったブチャでは、激しい戦闘が起きていたわけではない。砲撃戦が皆無ではなかったものの、日常的ではなく、それによる被害者も多くはなかった。いわば、「戦闘がない」状態だった。

その期間が決して「平和」ではなかったと判明したのは、3月末から4月初め、首都攻略を諦めたロシア軍が撤退してからだった。この間に殺害された市民の遺体が地元の人々の手で仮埋葬され、それでも間に合わない遺体は路上に放置されていたのである。

このブチャ虐殺の詳細は次章に譲るとして、ロシア軍の占領中、いかに多くの人々が殺害され、街が破壊されたかは、彼らが去り、地元や国外のメディアが現場に入って、初めて明らかになったのである。それは、ロシア軍の侵攻が単なる侵略戦争にとどまらず、想像を絶する残虐性を伴った侵略戦争であると、広く知らしめることになった。

ただ、2月から3月にかけてロシア軍の侵攻が進む間、世界はそれを知らないでいた。占領地はメディアに閉ざされていた。キーウ市内もいつ戦闘に巻き込まれるかわからず、残るメディアも限られていたからである。

朝日新聞はこの間、攻撃を受ける可能性が低い西部の街リビウに取材拠点を置き、そこからキーウ入りの可能性を探っていた。最大の障害は、現地に入った際の安全確保だった。首都を狙うミサイル攻撃の被害を受ける確率は低いものの、キーウ周辺では地上戦に巻き込まれる恐れが消えなかった。

ロシア軍に拘束でもされると、命にかかわるだけでなく、危機管理意識も問われかねない。組織ジャーナリズムの一員として、その冒険に踏み出すわけにはいかず、取材が可能になる時を見据えて、準備を進める以外になかった。

まずは、キーウまでどう入るか。リビウとキーウの間は500キロ余りあり、その間の移動は攻撃にさらされかねない。そこで「道路より鉄道が安定している」とのアドバイスをくれたのは、キーウとの間を頻繁に行き来する米国のレスキュー関係者だった。鉄道は当時、むしろ難民がキーウから脱出する際の手段とみなされていたが、彼らはそれを、キーウ往来の手段として使っていた。

軍事情報に詳しい通訳を確保し、紛争地取材に欠かせない四輪駆動車のキーウでの手配もめどが立った。

苦労したのは防弾チョッキとヘルメットの確保だった。ウクライナ当局はキーウでの取材に着用を義務づけていたが、私たちは種々の事情から手持ちが尽きていた。リビウでは少ない在庫を各国メディアが奪い合う状況になっており、探し回ったものの無駄足ばかりを踏んだ。欧州での入荷は、メディア需要の急増で1カ月待ちだった。

3月末、ようやく、防弾チョッキとヘルメット2組をロンドンで入手できた。リビウから取りに戻る間に、ロシア軍の首都周辺からの撤退の情報が流れた。

機は熟せり――。現地のリスク評価や緊急時の退避想定を記した取材計画をまとめ、東京本社の許可を得た記者2人が、4月5日朝にリビウを出発し、その日深夜にキーウ駅のホームに降り立った。

以後、ロシア軍に占領されていたキーウ周辺の街や村に、日本の大手メディアとしては初めて入った。ブチャでは、砲撃戦で破壊されたロシア軍の装甲車両が街路を埋める惨惨《さんさん》たる光景を見た。占領中に仮埋葬された多数の遺体を掘り起こす作業にも立ち会った。ボロジャンカでは、街のあちこちのマンションが砲撃で崩壊した姿を目の当たりにした。マンションの跡地で、行方不明の隣人を気にかける住民の話を聞いた。

1カ月あまり包囲されて空爆を受け続けた北部チェルニヒウの廃墟では、「第2次大戦でも破壊されたから、また復興するよ」との言葉に救われた。

行く先々で橋が落ち、道路が破壊され、行きつ戻りつの取材の旅はまた、人間が持つ残酷さを考えさせられる機会にもなった。感覚がまひし、その光景に次第に驚かなくなる自らの姿にも気づいた。

その後、北東部ハルキウ州や南部ヘルソン州、ミコライウ州などでウクライナが領土を奪還するたびに、ロシア軍が占領地で続けていた拷問や処刑の跡が明らかになっていった。キーウ周辺の被害は、その始まりに過ぎなかったのである。

いったい何人が犠牲になったのか。人々はなぜ、どのようにして、葬られたのか。何軒の家屋が壊され、何人が家を失い、何人が心に傷を負ったのか。全容が明らかになる日は、まだ先になるだろう。

ロシア軍に一度占領された地の取材は、困難が伴う営みである。そこは、弾が飛び交う最前線ではない。戦闘がすでに終了した場所なのだが、行く先々で地雷や不発弾が待つ。いわば、「静かな前線」だった。

当初、私たちはその脅威に気づかず、「地雷は除去した」との当局の言葉を信じて行動していた。

しかし、注意して見ると、実はあちこちに転がっている。ロシア軍が仕掛けたわなも多いという。多数の市民が連日けがを負っていると知ったのは、後日、病院を取材してからだった。

包囲に耐え抜いた病院、連れ去られた人々、性暴力のトラウマを抱えて生きる女性……。本章では、ロシア軍の占領下で何が起きたのかを、住民らの証言をもとに伝える。（欧州駐在編集委員・国末憲人〈前ヨーロッパ総局長〉）

ロシアの包囲網「マンションが真っ二つに」

ウクライナに侵攻したロシア軍は、南東部マリウポリなどいくつかの都市を包囲して徹底的に攻撃する戦術を採った。その標的の一つがキーウ北西の町、ボロジャンカ。町は約1カ月にわたり封鎖され、ロシア軍がマンションを砲撃し、多数の住民を生き埋めにするといった凄惨な事件も起きた。ロシア軍が撤退した4月に現地入りすると、想像を絶する光景が広がっていた。

一見するとビルの解体現場だが、生きた住民が巻き込まれたと思うと、息をのむ。キーウ北西約50キロの町ボロジャンカで、ロシア軍の攻撃を受けたマンションが真っ二つに裂け、中央の3分の1ほどが完全に崩壊している。

現場には消防隊や救急隊が集まり、クレーンを使ってがれきの撤去を続けていた。量が多すぎて、何日間もかかりそうな様相だ。ここの地下室に、数十人とも100人以上とも言われる住民が生き埋めになったままだと、ウクライナのメディアは伝えている。

ボロジャンカは、農地と湖に囲まれた人口1万人余りの田舎町。住民らによると、侵攻から2

戦闘で倒壊した集合住宅。地下室に避難した住民ががれきの下にいたといい、消防などによる救助作業が進んでいた＝2022年4月10日、ボロジャンカ、竹花徹朗撮影

日後にあたる2月26日、ロシア軍の地上部隊が町に入ってきた。当初はそれほど厳格でなく、この時期に町外に逃げた住民も多い。

数十世帯が入居する9階建てマンションへの攻撃は、3月2日午前8時ごろ。住民の多くは地下室に避難していた。空爆と、装甲車両からと思われる砲撃の計2発がマンションの中央に命中。大量のがれきが地下室の上に積もったという。

現地を視察していた前最高会議（国会）議員のオレフ・リャシコさん（49）は「被害当初、地下からは助けを求める声が聞こえていました。でも、ロシア軍が捜索を認めず、助けようがなかったのです」と語った。

このマンションの7階に夫と息子の3人

家族で住んでいた幼稚園補助員カーチャ・パブリシェンコさん（33）は、難を逃れた一人だ。町にロシア軍が来た翌日、まだ出入りが比較的自由なうちに退避し、中部の都市ジトーミルに移った。マンションが崩壊したのは、脱出から3日後。そのニュースを知った息子（11）は、大きなショックを受けたという。

マンション内で親しくしていた友人はこの朝、偶然近くのスポーツジムに出かけていて無事だったという。「でも、攻撃があった2日当日の朝、2階に住む男性とも電話で会話をしたのです。その後、彼とは連絡がつかない。地下室にいたのではと心配しています。攻撃がもう1時間遅ければ、多くの人は外出していたはずなのですが」

パブリシェンコさんの自宅は、辛うじて倒壊を免れた部分にある。階段が壊れて中には入れず、日用品などを消防隊に取ってきてもらったという。

ボロジャンカで倒壊したマンションは、ここだけではない。記者が確認しただけでも、少なくとも4棟が二つに割れ、がれきの山となっている。ロシア軍が撤退したのは4月2日。捜索がようやく始まったのは、その後だ。

ボロジャンカで二つに裂けて倒壊したマンションは、大通りを挟んで町の中心の広場に面している。それぞれ9階建てで数十世帯が入居する白い建物が3棟並ぶ。数十人とも言われる住民が地下室に生き埋めになったのは、その西側の棟だ。

ところが、東側の棟も同様に激しい砲撃を受けた。真ん中が崩壊して二つに裂けかかっている。中央の棟だけが、部分的な損壊にとどまった。

「ロシア軍は、マンションの上からスナイパーに狙撃されるのを恐れていたと聞きました。だから、高い建物を軒並み崩そうとしたに違いありません」

この町で修理工として勤めるオレクサンドル・コンドラテンコさん（34）はこう説明した。マンション近くの一戸建てに暮らしていたが、3月2日朝、ウクライナの志願兵の組織「領土防衛隊」の助けを借りて町外に避難した。その日にマンションが倒壊したと知ったのは、後になってからのことだ。

ロシア軍が去ったと聞いて、4月7日に町に戻ってきた。しかし、水道も電気もガスも止まっている。井戸の水をくみ、薪を燃やしての生活。マンションについても「これほど激しく壊されたら、再建なんてできそうにないですね」とため息をついた。

他方、ウクライナ北部の都市チェルニヒウも、3月初旬から約1カ月にわたり包囲された。激戦下の医療現場では、患者が次々と命を落としていく壮絶な状況が続いていた。7月、人々を守り続けた市立病院を訪ね、当時の証言を集めた。

「もう酸素ボンベがなくなってしまう」

ロシア軍に包囲された病院の地下に身を潜めながら、ナタリア・バブキナ医師(51)は心配を募らせていた。

3月。砲撃の音が途切れる日はなかった。100人近い患者たちとともに、地下シェルターに泊まり込んでの避難生活は1カ月近くに及んでいた。

病院には、バブキナ医師の母親も入院していた。新型コロナウイルス感染症で症状が重かった。地下シェルターでの隔離は難しく、病棟の上階で砲撃の危険にさらされたまま治療を受けていた。

水も電気もない。1日1回の給水車と、小型の発電機だけが頼りだった。貴重な電力は、手術室と新型コロナ患者治療のために優先的に回された。人工呼吸器が必要な患者は6人いた。綱渡りの治療が続いていた。

3月13日、爆音が病院を揺るがした。1階にあるX線検査室が砲撃を受け、大破した。警報を聞いて避難した医師らは、間一髪で無事だった。ロシア軍の戦車は病院から100メートルほどの近さまで迫っていた。

歩ける患者はすべて地下シェルターに移動させた。1980年代、核攻撃にも備えて造られた頑丈なシェルターが病院の地下にはあった。そこが初めて出番を迎えた。

砲撃の被害を受けたX線検査室＝2022年7月12日、チェルニヒウ、細川卓撮影

数十床のベッドを所狭しと並べ、患者や家族らは身を寄せ合った。妊婦もいれば、生後3週間の赤ちゃんもいた。

近くに砲撃があるたび、衝撃で病院の窓が割れた。修理をしてもきりがなかった。

一方で、患者は途切れることなく運ばれてきた。手術室の窓は、割れても破片が飛び散らないように目張りを施した。砲撃を受けた民間人が一斉に運ばれてきた時には、暗がりのなかでも、スマホのライトを照らしながら治療にあたった。

救えなかった命もあった。地下シェルターにいた、24歳の女性患者。手術直後だったため自力で歩けず、血栓により命を落とした。十分に水を飲めなかったことが原因のようだった。

亡くなった女性は、病院スタッフの娘でもあった。「どれだけ砲撃から身を隠しても、水が飲めないだけで死んでしまう。精神的に追い込まれました」とバブキナ医師は声を落とした。

ロシア軍による封鎖は4月の初旬まで続いた。侵攻開始から1カ月以上、病院スタッフらは自宅に帰ることなく、患者らと地下に泊まり込んで治療にあたり続けたという。

記者が市民病院を訪れたのは7月。ロシア軍の撤退から3カ月が経ってもなお、病院は建物の一部が崩壊したままだった。割れた窓ガラスの修復作業が続いていた。

病棟の6階に上がると、体格のよい男性たちに出くわした。手すりをつかみ、両足を震わせながら歩く男性。車いすでぎこちなく廊下を進む男性。戦場で傷を負ったウクライナ兵たちだった。治療室では、黒いあごひげをたくわえた長身の男性が歯を食いしばり、リハビリを続けていた。軍で運転手を務めていたバレリさん（34）。足首や背中には、20カ所以上も黒ずんだ傷痕が残っている。

3月初旬、チェルニヒウ近郊の前線で、仲間の遺体を回収しに向かった先で砲撃を受けた。着弾したのは5メートルほど先だった。即座に身を伏せたが、体中に砲弾の金属片を浴びた。

2度の手術、4度の転院を経て、ここに運ばれてきた。「歩けるようになるまで回復し、また部隊に戻りたい」。リハビリ専門医のもと、あと数週間は治療に専念するという。

担当するアンナ・コシェバヤ医師（34）によると、入院してくる負傷兵の9割超は砲撃や爆発でけがをしていたという。

細かい金属片が体内に入ると、骨や筋肉の動きを妨げる。多くの兵士が「すぐ前線に戻らせてくれ」と訴えるが、リハビリには数カ月から年単位を要するケースも少なくないという。

病院にはほかにも、避難生活で体を痛めた高齢者や、戦争のショックで精神面のケアが必要な患者も多い。「ストレス下の生活で、30～40代の若さでも脳卒中を発症するケースも目立つ」とバブキナ医師は言う。

今回の侵攻では、病院が意図的に狙われたケースも少なくないとみられる。チェルニヒウでは病院のほか、避難所となっていた市内の学校なども攻撃の対象となった。包囲戦で民間施設を狙うのは、ロシア軍が南東部の港湾都市マリウポリなどでも繰り返した戦法だとされる。

監禁された市民の見たもの

ロシア軍の占領地域では、不当に拘束・監禁されたウクライナ市民も数多くいた。3月、キーウから車で北に2時間ほどの位置にあるチェルニヒウ州の村・ヤヒドネ。人口350人ほどのこの村では、住民のほぼ全員が監禁された。地下室での1カ月近くの監禁生活の中、10人が死亡した。占領時、この小さな村で何が起きたのか――。

穏やかな日差しのなか、その村では子どもたちがキャッキャと走り回っていた。「学校はどこにある?」「あっちだよ」。女の子たちが教えてくれた方向に進むと、れんが造りの校舎が現れた。屋根は崩れ、窓ガラスは割れている。木の扉を開き、階段を下りる。薄暗い地下室には絵本や布団が散乱していた。静まりかえり湿った空気に、壁時計の秒針の音が響く。「ここに28日間、350人以上の住民がロシア軍によって閉じ込められていたのです」と管理人の男性は言った。

壁には手書きで、10人分の名前と日付が記されていた。

9日　ムジク
10日　インディロ
11日　ルダニ
　　　ニクリナ
13日　マカテル
17日　ムジク
　　　ツィンバリスト
20日　ドツェンコ
24日　ボイコ

28日　ブドチェンコ

地下室で命を落とした人たちの記録だった。

村にロシア兵がやってきたのは3月3日のことだった。兵士らは一軒ずつ民家を回り、地下室に隠れる住民たちにライフルを突きつけた。

「学校の地下室に行け」

携帯電話や腕時計は、その場で撃たれて破壊された。「パソコンやスマホを隠していたら、あと10人殺すぞ」と脅された。

警察官や元兵士だと疑われた男性たちは、射殺された。少なくとも4人。釣り用の迷彩服を持っていただけで、ウクライナ兵だと疑われて命を落とした人もいたという。

3月6日までには、ほとんどの住民が学校の地下室に集められた。

大小7部屋に350人以上。最大の80平方メートルほどの部屋には175人が押し込められた。廊下にも人があふれた。子どもたちは70人以上。最も幼い子は1歳半だった。地下室には子どもたちの泣き声が響きわたった。

地下室での生活は過酷をきわめた。歩いて通る隙間もないほど、部屋は人で埋め尽くされた。横になって寝るスペースはない。小さなベッドに子どもたちを寝かせ、多くの大人は座ったまま寝た。

外は雪が降る寒さ。それでも室内は熱気で蒸し風呂のようになった。暑さで服を脱ぐ人さえいた。小さな窓は板で目張りした。新鮮な空気が欲しくても、激しい砲撃がそれを許さなかった。窓を破って砲弾の金属片が飛び込んでくる恐れがあった。

電気はなく、懐中電灯の電池はじきに切れた。どの部屋も、ろうそく1本で明かりをとった。トイレもなかった。部屋の隅にバケツを置き、布切れで隠しながら用を足した。恥ずかしさも、やがて感じなくなった。

食料の備蓄も足りなくなった。ロシア軍がときおり提供するパンや携行食には人が殺到した。

ロシア軍によって住民が閉じ込められていた地下室＝2022年7月17日、ヤヒドネ、細川卓撮影

暗がりの中、時間の感覚も失われていった。

幼稚園の先生を務めるバレンティナ・ダニロバさん(60)は、鉄のドアに記憶を刻み始めた。燃えかすの炭を使い、カレンダーを書いた。毎朝、日付を加えた。砲撃の激しい日には下線を引いた。隣には、死亡した人たちの名前を刻んだ。

最初は3月9日。90歳を超えた男性だった。翌10日に

地下室の壁に書かれた、ロシア軍に殺された人たちの名前＝2022年7月17日、ヤヒドネ、細川卓撮影

もう1人。11日には2人。13日。17日にまた2人……。リストはどこまでも続くように思えた。亡くなった人の多くは70代以上の高齢者だった。

地下室には湿気と悪臭が充満した。新鮮な空気が足りなかった。ロシア軍が地下室から出ることを許すかどうかは「その日の彼らの気分次第」。外に出られても1日15分ほど。砲撃を恐れ、地下に閉じこもる人は多かった。

意味不明なうわごとを言ったり叫び始めたりすると、それが死の予兆だった。2日ほどすると、彼らは息を引き取った。

ロシア軍の許可が出るまで数日間、亡きがらとともに眠ることもあった。砲撃の合間をみて、遺体は外のボイラー室に並べられた。

「正直、誰も生きて帰れないと思っていました。ドアに記録を残したのは、誰かにここでの出来事を伝えるためでした」

ダニロバさんはそう言うと、遠い目をした。

住民たちを地下室に監禁する一方で、ロシア兵は学校の1階や周辺の民家に陣取った。地下に住民が閉じ込められているため、ウクライナ軍は学校を砲撃することができない。それをいいことに、ロシア軍は住民を「人間の盾」とし、学校を前線拠点にしていた。

ロシア兵は「我々はあなたたちを解放しにきた」「ナチスはどこに隠れているんだ」と、ロシア政府の主張に沿った定番のセリフを繰り返した。

偽情報を伝えるロシアの新聞を住民に配り、「ウクライナの多くの都市はすでに降伏している」と言いふらした。ときには子どもたちを外で遊ばせ、ロシア兵がお菓子を配る様子をビデオに収めた。ロシア兵の善良な振る舞いを発信するプロパガンダ作戦だった。

夜になると、酒に酔った兵士が地下室に降りてきた。「俺と遊ぼうぜ」。若い女性たちは頭を布で覆い、息を潜めてやり過ごした。

解放の日は突然やってきた。

3月30日。いつもより早く、朝10時にロシア軍は地下室のカギを閉めた。車両が騒々しく動く音や砲撃音が2時間ほど続き、やがて静寂に包まれた。

人々は、ドアを破って外に出た。学校の裏庭に並んでいたロシア軍の車両が消えていた。兵士もいなかった。まだ状況がのみ込めなかった。

翌日昼、ウクライナ軍の部隊が村に到着した。

住民たちに笑顔が戻った。兵士と抱き合って涙を流した。多くの住民の生存を知り、ウクライナ兵は「まさか生き残っていたとは」と驚いた。長期間の監禁で、人々は歩くのも難しくなっていた。足がむくみ、靴は切断しないと脱げない人もいた。

オルガ・メニャイロさん（50）は自宅でスマホを見つけ出すと、地下室に戻ってシャッターを切った。「写真を歴史に残すべきだと思ったんです」

地下室内に所狭しと座る人々の顔が並ぶ。疲れ果てた表情のなかに、少しの安堵感がみえる。28日間の日々を生き延びた人々の写真はいま、地下室へと下りる扉の横に掲げられている。

欧州安全保障協力機構（ＯＳＣＥ）が7月に発表した報告書は、ヤヒドネの学校で起きた監禁を「非戦闘員を人間の盾に使用した」例だと指摘。ジュネーブ条約に反する行為だと断じた。国際人権団体「ヒューマン・ライツ・ウォッチ」も5月、ヤヒドネの住民13人に聞き取り調査を実施し、報告書をまとめた。

３５０人以上の住民を地下室に監禁したことについて、報告書は「不潔で息の詰まるような状況において不法に民間人を拘束し、食料、水、トイレの利用を制限した」などと指摘。交戦国または占領国の支配下では市民は保護対象になるとするジュネーブ条約に反するものだとした。

地下室に監禁されて亡くなった10人に加え、少なくとも4人が頭を撃たれるなどして死亡したとも報告。また1人がロシア軍に拘束されたのちに、行方不明になっているとした。

またヤヒドネでは、トラウマを抱えた住民たちのケアのため、国際NGO「国境なき医師団」などが支援にあたっている。

占拠の地で神隠し「連行」の実態は

ロシア軍が一時占拠した地域では、行方不明者の報告が相次いでいる。3月中旬、人口1500人ほどの小さな村に住む、ある青年の行方がわからなくなった。ロシア軍に連行されたとの情報もある。息子を捜す母親や、同じ施設で監禁されたとされる市民らに話を聞いた。

「無事でさえいてくれたらいい。できるなら、この手でもう一度抱きしめたい」

3月18日、タティアナ・コバレンコさん（49）の末っ子トーリャさん（24）の行方がわからなくなった。（※身の安全に配慮し、ともに仮名）

首都キーウ中心部から北西に約40キロ、ディミル郊外の村で、2人は暮らしていた。2月24日にロシア軍の侵攻が始まると、キーウへの南下ルートとなるこの一帯は占拠された。

建設作業員だったトーリャさんは住民への食料の配給を買って出た。いつロシア兵に捕まってもおかしくはない。タティアナさんは何度も止めた。「子どもにご飯を食べさせられないと言って泣いているお母さんがいる。僕が行かなきゃ。心配しないで、ママ」。トーリャさんはそう答えた。

3月18日、トーリャさんは出ていった。一度は家に戻った息子を抱きしめるタティアナさんに、トーリャさんは「心配しないで」と言った。だが、再び車に乗り込むと、帰ってくることはなかった。翌日、隣町でロシア軍に捕まったとの知らせが届いた。

22年前に夫を亡くし、女手一つで3人の子どもを育てた。この5年ほどはトーリャさんと2人暮らし。彼は料理が得意で、パンや果物のパイも焼いた。「優しい子だった。親切で、人助けをして。私のことが、大好きだったんですよ」

タティアナさんは取材の間、ずっと泣いていた。「私の涙は息子のためだけのものではありません。家族の帰りを待つ、すべての母親たちの涙なのです」

ロシア軍が一時占拠した地域では、行方不明者の報告が後を絶たない。ウクライナ議会の人権オンブズマンは、6月初旬の時点で約1万8千件の行方不明の届け出があったとしている。一方、ロシア側が強制的に連れ去った住民は5月21日の時点で約138万人にのぼり、約23万人が子どもだという。

トーリャさんがいなくなって数日後、タティアナさんは近所の高齢女性から思わぬ言葉を聞いた。

「トーリャは工場にいて、生きている」

自宅から10キロ弱。近隣の町の外れにある、古びた鋳物工場のようだった。

記者は監禁された市民や工場の関係者ら10人に、トーリャさんの足取りを証言してもらった。住民は目隠しをされ、手も縛られた。常時20～40人がいたという。

「アントニーナおばあさんはどこ？」

3月18日の夜。アントニーナ・ベゾグルクさん（69）は聞き覚えのある声を耳にした。この日、ロシア兵に捕まった、近所の青年トーリャさんの声だった。

2人の村から10キロ弱のウクライナ北部の町ディミルにある鋳物工場の一室。ロシア軍は、捕らえた市民をこの40平方メートルほどの、窓もない部屋に閉じ込めた。トーリャさんはアントニーナさんがすでに拘束されていたことを知っているようだった。

「ウクライナ軍に俺たちの居場所を教えたのか？」

6日間拘束された自動車修理工のユーリさん（39）は、ライフルの銃床らしきもので殴られた。酔っ払った様子の兵士が天井に銃を撃ったこともあった。

食事はロシア兵が食べるスープやかゆが提供された。スプーンは数本しかなく、クラッカーや手を使って食べざるを得なかった。

水はプラスチック製の白いタンクから黒いチューブを使って飲んだ。燃料を入れるための容器だったらしく、石油の臭いが鼻を突いた。トイレはなく、排泄はたる型のプラスチックの容器で済ませた。

3月末にロシア兵が撤退すると、工場ではロシア語で書かれた「誓約書」のような文書が見つかった。「ロシアの人々に対し、違法な行動はしないと約束します」「ウクライナ軍のことや居場所について、ロシア兵に知らせることを約束します」。ロシア軍が住民に強要したものだった。「書け。なぜならここは、ロシアになるのだから」。そう言って、ロシア兵が「サンプル」を読み上げたこともあった。


前出のアントニーナさんも、文書を書かされた後に解放された。トーリャさんは、アントニーナさんにメッセージを託した。

「僕は生きているってママに伝えて。心配しているはずだから」

母のタティアナさんはこれを聞いて、希望が芽生えた。すぐにトーリャは帰ってくる、と。

3月末、ロシア軍はキーウ近郊から撤退した。ところが、トーリャさんは戻ってこない。タティアナさんはディミルに行き、住民に聞いて回った。しかし、一向に手がかりはつかめなかった。

ロシア南部「収容所」点呼に返事

「逃げようとしたら、足を撃て」

ロシア軍のトラックの荷台で、ドゥミトロ・リビツキーさん（35）は兵士の会話を聞いた。ロシア軍がディミルから撤退する1週間ほど前の3月23日。工場から他の16人前後とともに、近くの町に連行された。トーリャさんも一緒だった。

その後、北隣のベラルーシを経由し、3月25日にロシア南部ブリャンスク州ノボジブコフの、とある建物にたどり着いた。

「第2収容所」

後に、この施設がそう呼ばれていることを知った。

解放されてウクライナに戻った男女3人の証言からは、この収容所に多くの市民が閉じ込められている可能性があるとわかった。

到着すると、裸にされて写真を撮られた。指紋だけでなく、口の中や爪からDNAを採取された。髪の毛をそられる人もいた。

部屋には金属製の二段ベッドが並び、7人が収容された。尋問では「本当のことを言わないと殴るぞ」と脅され、誕生日には「プレゼントをあげようか？　殴ってやるよ」と言われた。

3週間が経ったころ、ドゥミトロさんの部屋にテレビが持ち込まれた。チャンネルは一つ。ロシアのプロパガンダが流れた。看守に感想を聞かれ「ウクライナ政府は良くない」と、心にもないことを口にしたこともある。屈辱だった。「生き延びるため」。部屋の仲間と話し、本音は言わないように決めた。

約1カ月後の4月29日、収容所を出た。目隠しをされたまま航空機を乗り継ぎ、ロシアが占領するウクライナ南部のクリミア半島に運ばれた。「おかしな動きはするな。そうすれば、数時間後に『交換』する」。ロシア兵にそう言われた。ドゥミトロさんらは、ロシア兵と「捕虜交換」されたという。

ただ、あの工場の一室から連れ去られた10人以上が、今も収容所に残っているとみられる。そのなかの一人が、トーリャさんだ。ドゥミトロさんは解放された4月29日、「点呼」の際にトーリャさんが自分の名字を返答したのを聞いた。

ここから生還し、証言をしてくれた3人が一番つらかったと言ったのは、尋問や収容所での生活そのものではなかった。

「無事だと家族に伝えられないのが、つらかった」

トーリャさんの母タティアナさんは、息子がどうしているのかまったくわからない。ちゃんと食べているのか。暖かい場所で寝ているのか。収容所にいるのなら、そこでの生活に、精神的に耐えられているのか。

考えれば考えるほど、胸が締め付けられ、愛おしさが募る。小さな家で一人、トーリャさんの帰りを待ち続けている。

把握しきれない性暴力被害

占領地における住民の支配は、拘束や拷問だけではない。ロシア兵による市民の性暴力被害があったことも相次いで報告されている。尊厳を傷つける残虐な行為に、人々の怒りと悲しみは深い。

10分間、生き抜くことだけを考え、耐えた。

3月28日、午後9時すぎ、ロシア軍が占拠したウクライナの首都キーウ近郊のチェルニヒウ州の村。オクサナさん（30）＝仮名＝の自宅の青い鉄扉を開け、泥酔した様子の男が入ってきた。目出し帽をかぶったロシア兵だった。

ロシア軍による性暴力について、住民に聞き取り調査をする警察官＝2022年6月14日、ウクライナ・マカリウ近郊、矢木隆晴撮影

「俺の相手をするか、殺されるか。どっちがいいんだ？」

2週間ほど前、自宅の捜索に来ていた男だった。そのとき、男はオクサナさんを見て、「きれいな女だな」と、不気味な言葉を残していた。

ライフルを手にした兵士には逆らえなかった。唯一、懇願したのは、「家の中でするのはやめて欲しい」ということだった。

平屋の自宅には4歳の娘と、母親がいた。兵士は庭で、服を着たままオクサナさんをレイプした。

「とにかく、生きること。娘と母を守ることだけを考えました」

近くの村でロシア兵に抵抗した女性が、殺されたと聞いていた。だから、娘と母のために、男の要求を受け入れるほかないと思った。「妊娠していなかったことだけが救いでした」と言った。

そのころ、夫はロシア兵によって他の村人とともに別の場所に監禁されていた。自分が被害に遭ったことを夫は知っているが、詳しいことは伝えていない。「互いにこれ以上、傷つかないため」。そうつぶやいた。

自分は被害者なのに、「罪悪感」が消えない。理由はわからない。だからだろうか。「夫の私に対する態度は変わらない。でも、私から離れていくのなら、それは彼の選択です」と、グレーの瞳に涙を浮かべた。

今は、ただの悪夢だったと思うようにしている。

ロシアのウクライナ侵攻では、ロシア兵による市民の性暴力被害が相次いで報告されている。ただ、記憶を消し去ろうと口をつぐむ被害者も多く、実態の把握は容易ではない。

国連で紛争下の性的暴力担当事務総長特別代表を務めるプラミラ・パッテン氏は6月6日、国連安全保障理事会の会合で、性的暴力が疑われる事例が124件報告されたと明らかにした。ただ、「氷山の一角だ」とも述べ、被害の実態はより深刻であることを示唆した。報告では加害者には言及しなかったが、欧州連合（EU）の大統領にあたるミシェル首脳会議常任議長は会合で、「ロシア軍は性暴力を戦争の武器として振り回している」として厳しく非難した。

捜査関係者によると、一部がロシア軍に占拠されたマカリウでは、ロシア兵が住民の女性らに性的関係を持つよう圧力をかけた例もあったという。

ウクライナ検察当局は5月下旬、キーウ州で3月に住民の男性を射殺し、ほかの兵士とともに男性の妻をレイプしたとしてロシア兵1人を訴追した。レイプの訴追は初めてだが、兵士の身柄は拘束できていない。

「ロシア化」の実態

ロシア軍は3月、ウクライナ南部のヘルソン州のほぼ全域を制圧。この地域は同年11月にウクライナが一部を奪還するまでの間、ロシアによる実効支配が続いていた。ロシアの支配地域からわずか数十キロの中南部ザポリージャには、それを嫌って多くの市民が逃れてきていた。当時、占領地で急速に進められた「ロシア化」の実態を、住民たちが証言した。

ロシア軍による侵攻から4カ月となる6月24日午後7時すぎ、ザポリージャにある商業施設の駐車場に、30台以上のワゴン車や乗用車が次々と滑り込んできた。隣接するヘルソン州や激戦が続く東部ドンバス地方から避難してきた人たちの車列だ。

警察官らが、到着した市民の身分証を念入りに確認していた。不審者やロシアのスパイが入り込むのを警戒しているのか、記者にも何度も身分証の提示を求めてきた。

ザポリージャ市の担当者によると、6月になっても1日に1千人以上がたどり着き、3分の1から半数ほどが、ロシアが支配を強めるヘルソン州の人たちだという。

同州ノバカホフカのトラック運転手アレクサンドル・グレベニュクさん(65)は、前日の午前5時半ごろに妻や息子夫婦ら5人で出発。15以上あるロシア軍の検問所を通って、ウクライナ側に入った。

「我々の土地で、ロシア兵はまるで自分たちの街かのように振る舞っていた。本当に耐えられなかった。脱出して、こんなに空気がうまかったんだと感じた」と安堵の表情を見せた。

侵攻後まもなくヘルソンを占領したロシア軍は、部隊を市街地に展開し、独自の「知事」や「市長」を一方的に任命するなどしてきた。ヘルソン州は激戦が続く東部から、ロシアが2014年に占領したクリミア半島への通り道で、戦略上の要衝になる。

「モスクワからです。プーチン大統領をどう思いますか?」

州都ヘルソンから6月21日に逃れた内装業のビタリー・ジュコフさん(39)は同月初旬、ロシアの政府機関のような所属を名乗る女性からこんな電話を受けた。ヘルソンでは5月中旬ごろからウクライナのSIMカードが使えなくなっており、やむを得ずロシアのものに切り替えた直後だった。

女性は、「クリミアやモスクワ、(東部ドネツク州の親ロシア派勢力が支配する)『ドネツク人民共和国』に移住したくはないですか?」などと聞いてきた。自分の街を占領し、生活を破壊したロシアへの怒りがわき上がり、「ヘルソンはウクライナの土地だ!」とだけ言って電話を切った。

多くの人々はロシアの支配に反感を抱く一方で、表面上は受け入れざるを得ない状況になりつつあった。4月ごろまでは反発する市民によるデモが行われていたが、ロシア軍による暴虐を恐れて次第に数は減っていった。

店にはウクライナの通貨フリブナだけでなくロシア・ルーブルでの値段表記もされ、ルーブルが流通するようになる。街にはプーチン政権の与党「統一ロシア」の事務所ができ、テレビはロシアの放送局しか映らなくなった。

ヘルソンの親ロシア派勢力は7月上旬、ロシアの官僚をトップとする「州政府」を発足したとするなど、「編入」への動きを見せた。街の中心部には、仕事を求める人たちのためにロシア側が設けた受付所ができた。

ジュコフさんが訪れた際には、列に並んでいた男性に対してロシア兵が「どんな仕事が欲しいんだ」と話しかけていた。男性が「運転手として働きたい」と言うと、兵士は「それは難しい。今はマリウポリの復興の仕事の需要がある」と応じたという。マリウポリはロシア軍が徹底的に破壊し、制圧した南東部の港湾都市だ。

6月に入ると、ヘルソン州では住民に対してロシアのパスポートの発給が始まったが、拒否する市民も多いとされる。だが、ジュコフさんの友人が6月中旬に登録した際、すでに受付番号は

4900番台になっていたという。ジュコフさんは「パスポートを取得しなければ、物資や金銭などの支援を今後受けられなくなる可能性があるからだ」と言った。

ジュコフさんは街で見かけるようになった、ある肖像について苦々しく語った。プーチン氏が尊敬しているとされる、18世紀にウクライナ南部などで領土を拡大したロシアの皇帝エカテリーナ2世のものだ。

「これはもう占領じゃない。ロシアの一部になろうとしている」。ジュコフさんは嘆いた。

ヘルソンから6月15日に脱出したアレクサンドル・イバフメンコさん（22）も、「ロシア化」の実態を証言する。

住民が退避した集合住宅や一軒家には、ロシア兵が家族を連れて住むようになったという。イバフメンコさんは、女性や子どもばかりが乗った何台もの大型バスが、軍の車両に先導されながら住宅街に入ってきたのを見た。「ロシア国旗を掲げた場所もある」と憤る。

6月時点で街の様子は徐々に落ち着きつつあり、ロシア軍が占領した当初に比べれば比較的自由に外出することができるようになっていた。ただ、検問所などでいつロシア兵に拘束されたり、暴力を受けたりするかわからず、人々はおびえながら暮らしていたという。

イバフメンコさんは、ロシア軍が、ウクライナ市民の志願兵で組織される「領土防衛軍」や警察について、リストを手に捜し回っていると聞いた。見つからない場合は家族を「人質」にすることもあったという。

イバフメンコさんの近所に暮らす警察官の妻は、ロシア軍によって強制的に夫に電話をかけさせられた。夫が来ると妻は解放されたが、身代わりのように連れ去られた夫の所在はわからぬままだという。

侵攻直後に地域の自警団の一員だったイバフメンコさんは、ロシア軍に2日間拘束された際、兵士が吐き捨てた言葉が今も忘れられない。

「俺たちは何でもできる。たとえ、お前を殺しても、罪に問われることもない」


一方、州都ヘルソンから約70キロ離れたカホフカでは、徐々にロシア軍の兵士の数が減り、ロシア側が主導する「行政」が機能するようになった。

侵攻後、高齢者に生活必需品を配るボランティアをしていたイブゲニーさん(29)は一度、ロシア軍に3日間にわたり拘束され、殴られた。トイレに行く際に付き添ったのは東部ドンバス地方の親ロシア派地域から来た兵士だった。

「同じ『ウクライナ人』なのになぜこんなことをするのか」と問うと、「自分たちもここにいる理由がよくわからない。なぜこんなことになってしまったのか」と目線をそらしたという。

イブゲニーさんは、カホフカにいた兵士の半数ほどが、ドンバスの出身者だとみている。ロシア側の検問所では、身体検査でパンツ1枚にされたこともあるが、「ごめんなさい」「本当はこんなことしたくはない」と言うドンバス出身の兵士もいたという。

「彼ら自身はなんの目的もゴールもなく、ここに来させられたのだろう。同胞が、なぜこんな風に対峙しなくてはならないのか。あまりに馬鹿げた戦争だ」と訴えた。

[この章の筆者]国末憲人/アメリカ総局員・高野遼/イスタンブール支局長・高野裕介

第3章

［虐殺］ブチャの真相を探る

ロシアによるウクライナへの軍事侵攻に対する世界の認識が変わった局面の一つが、4月2日の「キーウ州全域の解放」宣言だった。

ほぼ1カ月にわたってロシア軍に占領され、何が起きていたのかわからなかった地域に、ウクライナ当局や報道機関が入り、現地の様子を映像や写真で伝えた。

以降、民間人への拷問、大量殺害、虐殺の疑いが次々と明らかになった。21世紀の欧州で、これらむき出しの暴力による破壊が起きたこと、それらを防げなかったことの衝撃は、安全保障の態勢や認識をも一変させた。

中でも首都キーウ近郊の町ブチャの「ヤブロンスカ通り」を映した映像は、世界に衝撃を与えた。ロシア兵に殺害された多くの民間人の遺体が路上に放置されたままになっていた。遺体を避けながらジグザグに走行する車両から撮られた軍当局の映像は、4月2日にSNSなどで世界中に拡散した。

映し出された遺体は、確認できる限りで、私服の民間人ばかりだった。自転車と一緒に倒れていたり、家族や親友なのか2人で寄り添うように倒れていたり。その多くはロシアの狙撃兵が構えるヤブロンスカ通りに自転車や徒歩で出てしまい、射殺された可能性が高い。

ロシア軍の占領下で、民間人の大量殺害が起きた――。その可能性が極めて高いことが、世界に示された瞬間だった。以降、朝日新聞を含めた世界中の報道機関が現場取材に入った。

ブチャ中心部にある教会の裏手の集団墓地からは、100以上の遺体が掘り起こされた。占領下で、ロシア兵に殺害されて路上や庭先などに放置される遺体の数が増え、疫病の蔓延《まんえん》や野犬による遺体損壊が深刻な懸念として浮上していた。医師や市民らが3月に自発的に遺体を集めて回り、仮埋葬した場所だった。

ヤブロンスカ通りの先に広がる「イワナフランカ地区」では、5世帯11人が惨殺され、うち6人は焼け焦げた遺体となって発見された。ある一家は拷問にかけられ、妻の目前で夫や息子の足が切断され、最後に妻も殺害されたとみられている。

市内では複数の「処刑場」も見つかった。

雑居ビルの裏手では男性8人の遺体が見つかった。いずれも頭部を撃たれていた。寒い時季なのに薄着だったことや住民らの証言などから、室内から強制的に連行されて屋外で殺されたとみられている。

子ども向けのキャンプ場にある建物の地下では、男性5人の遺体が見つかった。ひざを撃ち抜かれた後、頭部を撃たれた遺体が壁際に放置されていた。記者が訪れたときも、血だまりやコンクリートの壁に弾痕が残されていた。

捜査当局はこれらの多くの事例について、ロシア軍が、ウクライナ軍や議員、自治体トップ、警察官らに関する情報を得ることを目的に、市民を拉致して拷問し、殺害していたとみている。ロシア人とウクライナ人を選別していたとみられる事例もあった。
捜査幹部は「ウクライナ人に対する意図的な破壊だった」と取材に語り、遺体の鑑定や証言などの記録から、ロシア軍の行為が、ウクライナ人へのジェノサイド（集団殺害）だったことを裏付ける方針を語った。

ブチャの衝撃が残るなか、9月になると、やはりロシア軍に占領されていた北東部ハルキウ州の要衝イジュームが解放された。

ブチャよりも長い、約5カ月に及ぶロシア軍の占領を経た町では、400人超の民間人が埋められた集団墓地が見つかった。記者は死臭が漂う松林で、当局による民間人の遺体の掘り起こしを取材した。

本章では、これらブチャやイジュームなどでの取材記録を報告する。家族を殺害された住民、撃たれながらも生還した住民、遺体を回収した市民らの証言を通して、ロシア軍の占領下で起きた住民殺害の実態に迫る。（ヨーロッパ総局員・金成隆一）

遺体のあふれた町

ロシア軍はキーウ郊外の町・ブチャを1カ月あまり占領し、4月初めに撤退。路上には多数の遺体が放置されていた。その映像は世界に衝撃を与え、戦争犯罪やジェノサイドの責任をロシアに問う動きが広がるきっかけとなった。ブチャで何が起きていたのか。町を訪れ、生き延びた住民たちに話を聞いた。

イリーナ・アリモバさん(47)は、その光景を目にした一人だ。自宅を出て、占領中、ガレージの中でせきもくしゃみも我慢しながら、家族と身を潜めた。あらかじめ用意していた発電機を利用し、飲料水は井戸からくんだ。

ロシア軍が撤退後、町に出ると、路上の各所に遺体が横たわるのを目にした。翌日には多くが片づけられたが、1体焼かれた遺体が残り、野犬がそれを食べようとしていたという。

ブチャの外れに位置する共同墓地は、道路脇にまで真新しい墓があふれていた。埋葬のための敷地が足りないからだ。ここに12日埋葬されたアンドレー・マトリチェクさん(37)は、元軍の狙撃手で、当時はショッピングモールに警備員として勤めていた。友人によると、自転車に乗っ

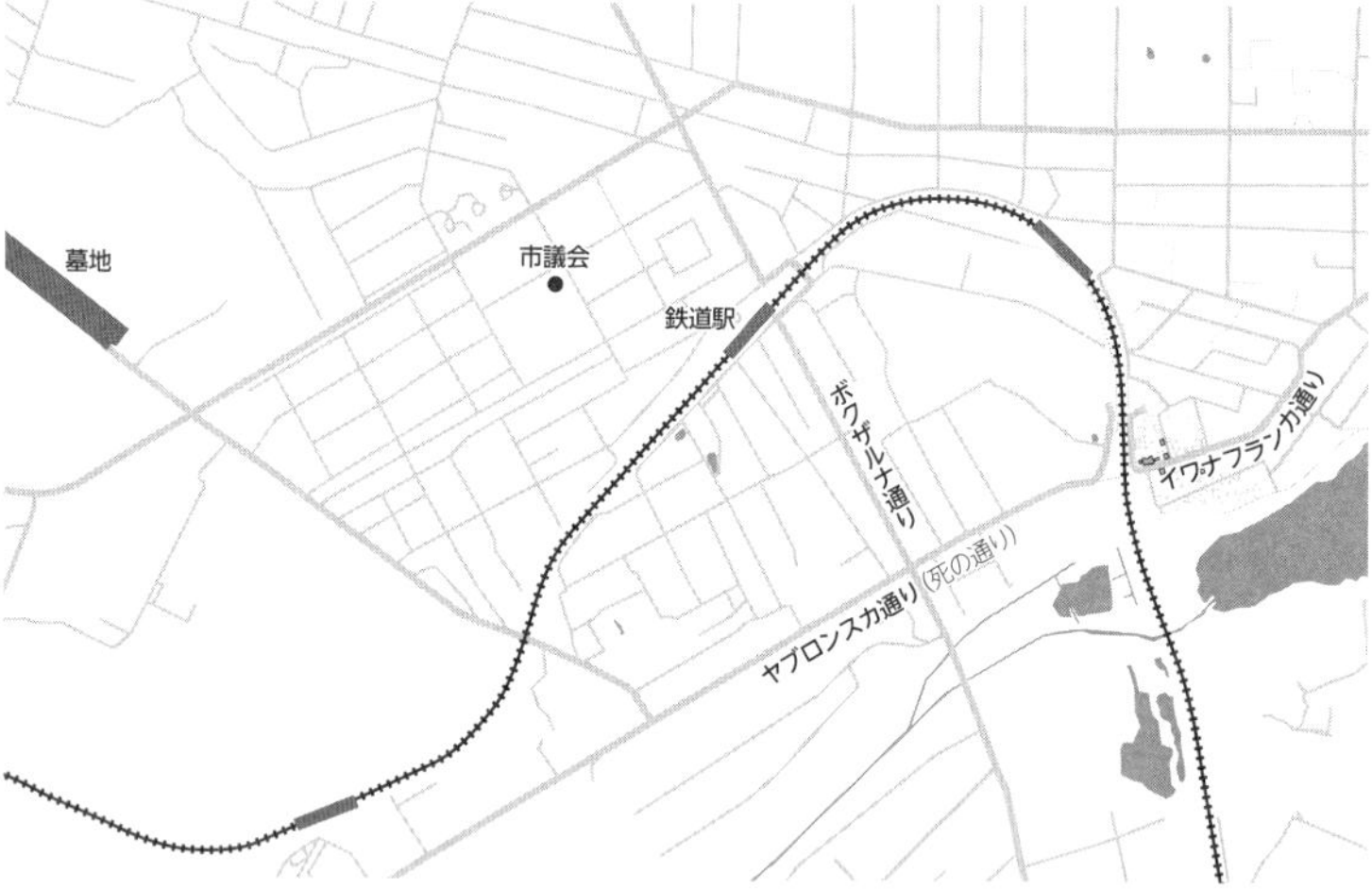

ていて拘束され、遺体で発見されたという。埋葬に立ち会っていた友人のアンドレー・ホミャクさん（38）は「彼の体は後ろ手に縛られていた」と語る。

米ニューヨーク・タイムズによると、ブチャで手足を縛られた遺体は15体に及ぶという。

そのうち5体が見つかったのは、ブチャ北部の森に囲まれた夏季キャンプ場だった。バスケットコートや遊具を備えた２５０人収容の子ども向け宿泊施設で、キーウ市やキーウ州内から多くの人を集めたが、戦闘中はロシア軍が占拠し、陣地として利用したという。

管理人のウォロディミルさん（65）の案内で中に入った。５人の遺体があった地下室は処刑場所とみられ、血のような跡が壁に残っていた。

ロシア軍が寝泊まりしていたとみられる部屋では、床に酒瓶が散乱し、異臭を放っていた。

キャンプ場の敷地には、遺体が1体横たわっていた。近くの路上で殺害されて放置された遺体がここに仮埋葬され、収容のため、この日掘り起こされた。近く埋葬される予定という。

キャンプ場にいると、「早く離れろ」との大声が聞こえた。近くで不発弾が見つかったという。避難すると、数分後に空爆でもあったかと思うほどの大きな音が響いた。爆発処理をしたようだった。

戦闘とは無関係に住民が殺害された例はブチャ市内の随所に及ぶが、中でも最も甚大な被害が出たのが、イワナフランカ通り周辺の地区だ。

ブチャは富裕層に人気の新興都市だが、市中心部から鉄道を挟んでやや孤立したこの地区には古い民家が並び、郊外農村の趣がある。この通り沿いだけで、殺害されたのは7人。路地を含めた地区の犠牲者は11人に達した。

占領当初、この地区には数日おきに異なる兵士らがやってきた。最初の一群は家の内部を検査したが、比較的穏やかだったと、通り沿いに暮らす銀行警備員グレゴリー・コスヤンさん（54）は証言する。「車の窓を壊した。申し訳ない」と、コスヤンさんに100フリブナ（約400円）を支払おうともした。

しかし、その次に来た一群は粗暴で、頻繁に発砲。3月初めには、発砲音の後、路上に遺体が転がっていた。

4月のキーウ近郊ブチャ・イワナフランカ通り。破壊された車やロシア軍の遺物が散乱している＝2022年4月13日、キーウ近郊ブチャ、国末憲人撮影

この通りでは、全滅した一家もある一方で、コスヤンさんは無事だった。「何が違ったのか、わからない。運がよかった」

ただ、住民をロシア系とウクライナ系に分け、後者を標的にした節も、兵士にはうかがえるという。

路地に暮らす元看護師スベトラーナ・ルデンコさん（70）の家には、ロシア軍が押し入ってきた。ルデンコさんはロシア出身で、ロシアの旅券を持っている。それを見せてロシア語で話しかけると、兵士は何もしなかった。「一方で、ウクライナ語を話す若者は『バンデラ主義者だ』と言われて軒並み殺されたと聞いた」と語る。バンデラは20世紀半ばに活動した反ソ連のウクライナ民族主義指導者で、ロシアからはしばしば批判される。

通りの近くに住む電気技師ミーシャ・クズミンコさん（39）も、ロシア兵に屋内を調べられたうえに、「おまえはバンデラ主義者か」と問い詰められた。老いた母が「ロシアに親戚がいる」と言うと、兵士らは「わかった。民間人に危害は加えない」と応じた。

クズミンコさんは兵士とロシア語で話したが、パソコンを調べた兵士は、そこにウクライナ語の文書があるのを見つけた。これは何かと問い詰める兵士に対し、クズミンコさんは「ウクライナ語は公用語なので、文書をつくるのに必要だ」と説明すると、兵士は驚いた様子だった。

クズミンコさんの隣人は、ロシア軍が来た際に火炎瓶を投げて抵抗したために殺されたという。ロシア軍が撤退した後、クズミンコさんは通りに出た。そこに横たわる遺体には、隣人も、幼なじみの友人も含まれていた。

ジェノサイド条約は、国や人種、民族、宗教に基づく集団を破壊する意図による行為を「ジェノサイド」と定義しており、犠牲者の人数は関係ない。ウクライナ系を特定して殺害する行為があった場合、ジェノサイドとみなされる可能性もあるだろう。

死の通り「自分も遺体になる寸前でした」

「死の通り」。ロシア兵の狙撃の犠牲となった住民が相次いだことからそう呼ばれる、ブチャのヤブロンスカ通り。この通りで、狙撃されながらも死を免れた男性がいるという。生死を分けた行動は何だったのか。当時の状況を振り返りながら、通りを案内してもらった。

撃たれて負傷しながらも生還した男性がいる――。

この話を教えてくれた地元住人に紹介をお願いすると、その場で電話をかけて呼び出してくれた。その5分後。パブロ・ブラソブさん（36）が目の前に現れた。普段は解体作業員として働くブラソブさん。あいさつもそこそこに証言を始めた。


【証言①】解体作業員のパブロ・ブラソブさん

すぐそこにヤブロンスカ通りがあるのは分かるね？

どこにでもある普通の道だったけど、今では地元で「ブリツァ・スメルティ（死の通り）」と呼ばれています。

あそこで自分も遺体になる寸前のところまでいきました。

あと10センチ、撃たれた部位がずれていれば、次の遺体になっていたと周囲にも言われます。

これが傷痕。こっちから撃たれて、裏側から弾は抜けました。具合はどうかって？　まあ、少しずつ回復しているかな。

〈ブラソブさんが左腕をゆっくり上げてみせた。痛みがまだ残っているのだろうか。少し顔をゆがめた〉

3月6日でした。

あの日は、それまで連日のように続いていた激しい戦闘が、いったん収まって、周囲が静かになっていました。

それまで地下に避難していたけど、午前10時ごろ、11時ごろだったか、食料と水、ろうそくを調達しようと外に出ました。高齢者5人と自宅の地下で避難生活を送っていたので、私が外に出ました。近隣の知人にも水を届けたいと思っていました。

え、ヤブロンスカ通りを歩きながら案内してほしいって？　しょうがないな（笑）。じゃあ、行きましょうか。

ヤブロンスカ通りでロシア兵に狙撃された左肩の傷口を見せるパブロ・ブラソブさん＝2022年5月13日、ブチャ、金成隆一撮影

ブラソブさんがすたすたと歩き始めるので、記者と通訳も後方に付いて歩き始めた。
3月6日とは、ロシア軍のウクライナ侵攻の11日目だ。キーウ陥落を狙うロシア軍がブチャの占領を完成させ、隣町イルピン方面への攻撃を本格化していた。当時の緊張感を思い出すのだろう、さっきまで笑っていた表情がこわばっている。
再びブラソブさんが証言を始めた。

この角を曲がって、しばらく歩けばヤブロンスカ通りです。この脇道も、今みたいに真ん中ではなく、外壁に沿うようにして歩いたんです。身をかがめて、壁から頭が出ないようにして。頭が出たら（ロシア兵に）いつ狙撃されるかわからないですから。

ここがヤブロンスカ通りです。

当時、ここに来ると、すぐそこに横たわる若い女性の遺体が見えました。そっちにも中年ぐらいの男性の遺体がありました。

いずれもうつぶせでしたから身元までは判別できませんでした。

さらに10メートルほど先に3人目の遺体がありました。私が見た限りでは、当時は路上に3人の遺体が放置されていました。（※その後にさらに増えたことになる）

3人目の遺体だけは仰向けで、緑色の自転車と一緒に倒れていました。見覚えがあったから、すぐにわかりました。

あ、近所のウラジーミルさんだって。

ウラジーミルさんは、私の亡き父の親友でした。70歳前後です。交流が続くうちに私の親友にもなり、今では私が「第2の父」と呼ぶほどの仲になっていました。

遺体をせめて自宅の近くに仮埋葬したいと思いました。こうやって上半身を抱きかかえるように運ぼうとすると、ウラジーミルさんのポケットに携帯電話が入っているのが見えました。搬送中に落としてはいけないと思い、取り出そうとしました。

その瞬間、背後で声が聞こえたんです。

ロシア語でもウクライナ語でもない、コーカサス系の言語だったので、カディロフツィ（ロシア南部チェチェン共和国の首長で、プーチン大統領に近いカドイロフ首長の部隊）だったのでしょう。

「こうやってウラジーミルさんの遺体を起こそうとした時に撃たれた」と当時を再現するパブロ・ブラソブさん。ロシア兵は奥の交差点から撃ってきたという＝2022年5月13日、ブチャ、金成隆一撮影

交差点の方を向くと5～6人の兵士が見えました。すぐそこの交差点です。せいぜい30メートルぐらいの距離でしょう。同時に射撃音が続いた。何発かなんてわからないけど、6発ぐらいは聞こえました。

左肩を激痛が襲ったのですが、夢中で来た道をジグザグに走って戻りました。さっき来た道、交差点とは逆の方向です。あの時、もし一直線に走って逃げていたら、背中に何発も銃弾を受けていたかもしれません。ジグザグに走ったのは直感的な判断でした。

脇道に飛び込み、倒れ込みました。幸いにも彼らは追って来なかった。止血しなければ死ぬ。そう焦っていた時に、祖母や近隣の住民が助けてくれたんです。

みんな、私が「死の通り」の次の遺体になっていてもおかしくなかったと言います。本当にそのとおりです。私はただ、遺体を搬送しようとしていただけなのに撃たれたんです。

なぜ生還できたと思うかって？

私が神に愛されていた、と考えるしかないのだと思います。

別の生存者の中には、「死の通り」付近の一連の状況をよく知る人物もいた。通りの目の前に住み、家の窓から外をのぞき見ていたという。当時の様子と、決死の脱出行について証言してもらった。

あの1カ月間で何が起きたのか――。5月12日の夕暮れ、証言してくれそうな住民を探して歩いていると、道路脇の石垣に腰掛けている男性がいた。

エブゲニ・クズネツォブさん（48）。声をかけると、雑談に応じてくれた。

しばらくして、いつごろから民間人の遺体が通りに横たわるようになったのか、と尋ねてみた。

クズネツォブさんは迷う様子なく、言い切った。

「3月3日です」

なんで言い切れるのだろう？　確認しようとすると、クズネツォブさんが立ち上がり、「自宅を案内したい」と言った。記者は通訳と一緒に後に続いた。自宅は、遺体が放置されていた路上の目の前にあった。

【証言②】エブゲニ・クズネツォブさん「遺体が路上に見えました」

ヤブロンスカ通りの目の前で暮らしているから、私は証言できるのです。3月3日には遺体が路上に見えました。あの時点で、ロシア軍による民間人の殺害が始まっていたのです。

3月3日は、いつもと違う朝でした。私は妻と自宅の地下室に避難していましたが、外から激しい戦闘音が聞こえてこなかったのです。ロシア軍がウクライナ軍を追い出し、ブチャ占拠が本格化した頃だったと思います。

自宅2階から外の様子を見ようと、初めて階段を上がりました。

〈クズネツォブさんが自宅の階段を上がっていく。取材陣も後に続いた。再びクズネツォブさんの説明が続く〉

このガラス戸を開けると、通りに面したバルコニーに出ることができます。とはいえ、ガラス

クズネツォブさんの自宅2階にあるガラス扉から見える風景。ロシア軍の占拠当時は木々に葉がなく、見えやすかったという＝2022年5月13日、ブチャ、諫山卓弥撮影

戸の近くで不用意に動けばロシア兵に狙撃されかねないし、最悪の場合、砲弾を撃ち込まれて家ごと吹き飛ばされます。だからバルコニーには出ず、この戸の窓ガラスのすき間（幅7センチほど）から路上をのぞいたんです。

今は5月ですから、庭の木々に葉が茂っていて視界がよくないですが、3月は葉もなく、路上まで見通せたんです。今でも何とか路上の通行人や車が見えますね。

3月3日の時点で、すでに複数の遺体が路上に横たわっていました。その数日後には「緑色の自転車」のウラジーミルさんの遺体も見ました。

当時、遺体の方向から携帯電話の着信音が聞こえたんです。ずっと鳴っていたんです。「きっと親族の誰かが行方を捜して鳴らしているのだろう」と私は気の毒に思っていました。

しかし、今になって考えると、あの頃は一般の携帯電話は不通だったはずで、ロシア兵の通信機器が鳴っていたのかもしれません。つまり、ロシア軍が私の自宅のすぐ近くにいたのかもしれない。そのことを思うと、今でも怖くなります。

あの日以降、ブチャの状況は悪化するばかりでした。

私は2月24日のロシア軍の侵攻以来、妻のルドミラ（48）と自宅の地下室に避難していました。

あの地下室にいても、表のヤブロンスカ通りから悲鳴が聞こえることがあったのです。

その一人が、3軒隣で暮らす女性でした。3月5日、彼女の自宅がロシア軍の砲撃で延焼し、消火しようとした彼女の夫が通りに出たところでロシア兵に頭部を撃たれたのです。

その悲鳴が今も脳裏に残っています。

ヤブロンスカ通りの遺体は、その後も増え続けました。埋葬しようとするだけでも撃たれてしまうので、(私たち近隣の住民も)放置するしかなかったのです。


3月9日、外で何が起きているのかを知りたくて、再び2階に上がりました。

それまでずっと電波を拾えなかったのですが、腕を伸ばして携帯電話を天井に近づけると、奇跡的に電波が入ったんです。つながっていたのは、わずか2分間ほどでした。

いくつか受信したメッセージの一つが、音信不通になった私たちの安否を心配する長女(25)からのものでした。彼女は、私たち(両親)が死んだと思っていましたが、それでもメッセージを送ってくれていたのです。

「3月9日の午前9~11時、隣町イルピンから退避バスが出るから、急いで!」って。

びっくりして、時間を確認すると、すでに午前10時半でした。イルピンはすぐ隣町です。自宅から1キロも南に歩けば、イルピンに入ります。あと30分しかないが、急げば間に合うかもしれない。隣近所の地下で暮らす知人にも声をかけ、6人で急いで退避しました。

ヤブロンスカ通りに出れば、ロシア兵に撃たれます。「死」を意味します。でも裏道なら「いくらかの生還チャンスがある」と信じました。

身分証明書や旅券、自宅権利書、現金などを詰めたリュックを背負って、家を出たんです。自宅庭のフェンスを壊し、近隣の家々の庭先を進み、装甲車が通れない「裏道」に出ました。見えるでしょう、あのフェンスです。あそこを壊して、そのまま裏道に出て、イルピンに逃げたんです。

ブチャを占拠したロシア軍は、イルピンやキーウ方向に砲弾を絶え間なく撃ち込んでいました。当然ウクライナ軍も抗戦していました。頭上を双方向に砲弾が飛び交う、その中間地点を歩いていたんです。頭上をヒュンヒュンと砲弾が行き交っていました。

イルピンで乗り込んだ小型バスは、被弾を避けようと猛スピードで走りました。こんなに古いバスが、こんな速度で走れるのか、と驚きました。飛んでいるかのような速度です。周囲の車も、どれも最高速度で走っていた。誰だって砲弾に直撃されたくないですから。

イルピンとキーウの間を流れるイルピン川の橋は、ロシア軍のキーウ侵攻を阻止するため破壊されていました。私たちは、その脇に渡された、木片やコンクリ片などがれきの上を歩いてキーウに抜けました。

キーウに到着したのは午後になってからでした。

そこにロシア兵の姿はありません。ブチャのような射撃音も砲撃音も聞こえません。わずか10

キロ先が別世界であることを知り、私たちは路上にしゃがみ込んでしまいました。

退避先で2カ月を過ごしましたが、昨日戻ってきました。アパートを借りるお金が底をついてしまったので。

ブチャに戻ってくるのは怖かった。（妻の）ルドミラは今もずっと泣いています。恐怖心が体内に残っているんです。

生還できたこと、自宅もほとんど無事だったのは、なぜでしょうか。

私にもわかりませんが、夫婦2人でずっと神に祈り続けたからだと思っています。

遺体の回収現場「骨が砕かれていた」

「死の通り」をはじめ、ブチャでは町のいたるところに遺体が放置されていた。これらの遺体を路上から安置所に運び込む現場班を率いたのが、ブチャ市役所の職員セルヒー・カプリチニさんだ。

ロシア軍のウクライナ侵攻前は、どこの自治体の役場にもあるように、遺体の埋葬許可を出す仕事に就いていた。デスクワークが多い仕事だった。

それが、2月24日を境に激変した。ロシア軍の占領下では、安置所からあふれる遺体を仮埋葬した。

ロシア軍の撤退後は、町中に放置されていた民間人の遺体を回収。「死の通り」の遺体を回収後、民間人が処刑されたとみられている場所も回った。解放後の1週間に集められた遺体は約200という。彼に、ブチャ解放後の話から振り返ってもらった。

【証言③】ブチャ市役所職員のセルヒー・カプリチニさん「私の感情は停止していた」

ロシア軍の撤退後、現場班で遺体を回収しました。4月2日に会議で方針を決め、翌3日午前から町を回りました。

最初に向かったのは、ヤブロンスカ通りです。

通りを東から西へ、車で遺体を集めながら少しずつ進みました。あの映像（ウクライナ軍がSNSで公開した、ジグザグ走行する車両から撮影した路上の映像）に映っていた遺体は半分ほどかもしれませんが、通りには、路上だけで約20の遺体があったのです。

通り沿いの資材置き場の周辺に5人の遺体があり、両手を後ろで縛られている遺体もありました。「これはスナイパーが通行人を狙撃したものではない。処刑だ」と思いました。

でも、不思議なもので、私の感情は当時、停止していました。

路上に放置された、いくつもの遺体を一刻も早く集めなくてはならない――。

野犬に荒らされる遺体を減らさなければならない――。

そんなことを思いながら、同僚4人と淡々と遺体を集めて回っていたのです。

多くの遺体を埋葬したセルヒー・カプリチニさん＝2022年8月4日、ブチャ、関田航撮影

この日の午後3時すぎ。カプリチニさんの現場班は、警察からの連絡を受け、ヤブロンスカ通り沿いの西方面にある次の現場に向かった。「ヤブロンスカ通り144番地」の雑居ビルだ。ここは後に「処刑場」として知られることになる。

ビルの裏手に回ると男性8人の遺体がありました。凄惨な現場でした。何週間も放置されていた遺体です。野犬が何頭かうろついていたので、追い払いました。

遺体は頭部を撃たれていました。頭部の一部が欠けている遺体もありました。身につけているTシャツを上までめくって頭にかぶせられていたり、テープで目隠しされていたりする遺体もありました。

背後のコンクリート壁には複数の弾痕が残り、地面には薬莢《やっきょう》がたくさん落ちていました。

寒い時季でしたが、全員が薄着でした。どこか室内から強制的に連行され、屋外で殺されたのだろうと思いました。明らかに処刑でした。他に適当な表現が思い当たりません。


カプリチニさんらは、遺体専用の黒い袋を持ち込み、遺体を1体ずつ入れて車両に積み込んだ。この作業中にカプリチニさんは、犠牲になった8人のうち2人が知人であることに気付いた。


右腕の入れ墨で、わかったんです。アンドリイじゃないか、と。

Tシャツは肩の辺りまでまくし上げられ、両手を後ろで縛られていました。国外に退避していたアンドリイの妻から要請を受け、私が遺体の本人確認もしたのです。

もう一人も遺体を引き寄せるときに知り合いだと気付きました。もともとのブチャは小さな町でした。近所の人であれば、だいたいわかるんです。

8人の遺体を車両に積んだ後、もう一人の遺体が近くの倉庫内にあることがわかりました。まだ警察の安全確認が済んでいない遺体でしたが、回収することにしました。

地雷が遺体の下に仕組まれていないかの確認を自分たちでやりました。ロシア軍が撤退時に路上の遺体や民家に地雷を仕組んでいるケースがあったので、当時、必須の作業になっていたのです。

ロープを遺体の足首にひっかけ、遠くから引っ張る。動かしても爆発しなければ、大丈夫だろう、と。あの雑居ビルの周辺だけで9遺体を集めました。

あの日だけで、ヤブロンスカ通り沿いで30ほどの遺体を集めたことになります。

翌日以降もブチャ地区での遺体回収が続きました。

尋問に使われたとみられる地下の部屋。ロシア軍の撤退後、隣の部屋で処刑された遺体5体が見つかった＝2022年5月13日、ブチャ、金成隆一撮影

別の「処刑場」にも行きました。子ども用のキャンプ場です。森林にある建物の地下室に下りていくと、壁際に男性5人の遺体がありました。

頭を刈り上げていた男性は頭の骨が何カ所か陥没していました。銃床で激しく殴られたのでしょうか、骨が砕かれていました。

何人かの遺体には、撃たれた痕跡がなかった。(外見上は)見当たらなかっただけかもしれませんが、拷問で殺されたのかもしれない、と感じました。

こちらの処刑場は、海外の報道機関にも報じてもらうべきだと政府が考え、現場がメディア公開されたため、その分、多くの時間をかけての作業となったことを覚えています。

この日の午後には、車内に残された遺体を回収しに行きました。ブチャ地区の外に避難しようと車で移動中に、ロシア軍に射撃された3台です。いずれも同じ路上にありました。

それぞれの現場の写真は記録として残されている。1台目の赤い乗用車には高齢夫婦とみられる2人の遺体。助手席の女性がダッシュボードにうつぶせにぐったりとしており、運転席の男性は女性にもたれかかるように亡くなっていた。

2台目の白いバンにも2人の遺体。運転席側に母親、助手席にその息子とみられる男性の遺体が残されていた。男性は黒いダウンジャケット姿。上半身を貫通した銃弾が背中から抜けたのだろうか。ダウンジャケットの羽毛が背中の側から外に向かって飛び出していた。

いずれの車両も窓ガラスにいくつもの銃撃の痕跡があり、車体の真横からも銃撃を受けていた。

3台目は完全に焼損していた。車内に予備用ガソリンを置いていたため、激しく焼けたという。再びカプリチニさんが証言する。

あの3台目はフランス製の車でした。中から少女の遺体だけが見つかったのです。ほとんど炭化していたので、何を集めたらいいのかわからない状態でした。いくつかの骨と頭骨の一部など、集められるものを袋に入れました。

この車を運転していたであろう、大人がどこに行ったのかは今もわかりません。

遺体の回収には民間の業者も後に加わった。警察も支援した。ブチャ解放から最初の1週間で、計200ほどの遺体が路上や庭先などから集められたという。

カプリチニさんは8月の取材当時も、身元不明の遺体と向き合う日々だった。部位しかない遺体もあり、50体ほどが身元不明のままだが、記録を十分に残したうえで埋葬を始めているという。

現在の心境を尋ねると、こう言った。

「ブチャ解放から4カ月が過ぎ、血圧が上がり、頭痛もするようになりました。停止していた当時（3～4月）の感情が今になって戻ってきて、身体に影響が出ているのです」

ブチャだけではない集団墓地

おびただしい数の遺体が見つかった町は、ブチャだけではない。ロシア軍に約5カ月もの間占領された、北東部ハルキウ州の要衝・イジューム。奪還後の9月中旬、町の外れで、民間人が埋められた集団墓地が見つかった。同月21日に記者が訪れると、捜査当局による遺体の掘り起こしが行われていた。

ハルキウ州イジュームで見つかった集団墓地。番号だけが書かれた木材の十字架が残されていた＝2022年9月21日、イジューム、高野裕介撮影

木々の香りが心地よい松林に、死臭が突然漂ってきた。歩を進めると、60以上の遺体が横たわっていた。

遺体が収められた白や黒の袋には、そんな文字が記されている。「(身元)不明」「首に傷」

サクッ、サクッ、サクッ。しめった軟らかい土に刺さるスコップの音。半透明の防護服姿にマスクをつけた捜査員ら3人が、無言で作業をしていた。時折、互いのスコップがぶつかる金属音が響く。

別の場所では、帯状のひもを使って7人がかりで遺体を引き上げていた。穴の深さは1メートルほど。ひつぎに入れられた遺体もあれば、そのまま埋められ、土に覆われたものもある。

顔が真っ白に変色した遺体。膨張して腹の部分が大きくふくれあがった遺体。そばにかがむと、記者の体に小バエが群がった。

「こんなに悲惨な光景を見たのは初めてだ」

州検察トップのオレクサンドル・フィルチャコウさん(43)は言った。

少なくとも445体が埋められ、女性や子どもの遺体もあるという。

首にロープを巻かれていたり、12カ所も切りつけられていたり。なかには、局部を切り取られた男性の遺体もあり、拷問や惨殺の疑いが指摘されている。

体の部位だけが4人分収められた墓穴も見つかった。ロシア軍による空爆で死亡した一家ので、1人は3歳の子どもだと判明したという。

200人態勢で掘り起こしを進め、これまでに収容したのは約320体。捜査員らの顔には疲弊がみてとれ、木に寄りかかってぐったりと座り込む人もいた。

「誰もが心の傷を抱える。非常につらい任務だ」

フィルチャコウさんは淡々と語った。ロシアの侵攻前のイジュームの人口は約4万5千人。地元市議は、ロシア軍の占領下で少なくとも1千人が死亡したとの見方を示している。

墓には、十字架が立てられていた。木材を簡単に組み合わせ、多くは名前も、亡くなった日付もない。

「140」「275」「339」

記されているのは、番号だけ。この町で営んだそれぞれの人生があったはずなのに、その証しは何も残されてはいなかった。

ロイター通信によると、ロシアのペスコフ大統領報道官は9月19日、イジュームで多数の遺体が発見されロシア軍の関与が指摘されていることについて、「うそだ」と否定した。

屋根が抜け落ちた雑居ビル、砲撃の破片で無数の傷がついた建物、黒く焼け焦げ、人の気配もない集合住宅――。

イジュームの街中を歩くと、戦闘の痕跡が至るところにあった。占領時に貼り付けたものなのか、広告塔にはロシア国旗が描かれた幕が半分に破れたまま残されていた。

2月24日にロシア軍がウクライナ侵攻を始めると、この町は激戦地となった。ロシア軍は約1カ月後にイジュームを占領。東部ドンバス地方を攻略するための足がかりとした。

度重なる空爆や砲撃で、住宅や企業、政府施設などインフラの8割以上が破壊されたとされる。電気や水道、ガスも機能しなくなった。携帯電話もインターネットも使えず、住民は外界と遮断された。

「ウクライナで何が起きていたのか、まったくわからなかった」

中心部の広場に支援物資を受け取りに来ていたオルガ・ムヒナさん（70）が、不安そうに振り返った。

最初は娘からの電話や、電池式のラジオで戦況を知った。だがしだいにそれもできなくなった。

戦闘の被害を避けるため、地下シェルターでの生活。自宅アパートはロケット弾で一部が破壊された。木材を使って火をおこし、ボルシチを作り、ケーキを焼いた。

空爆や砲撃に巻き込まれて亡くなった人らは、家の庭先などに埋められた。ただ春を迎えると、遺体の腐敗や臭いを懸念するようになった。

一部の住民が、ロシア側が支配する「役所」と協働し、遺体を収容。時には戦闘で崩れたがれきの中から運び出すこともあり、それらが町外れに造られた集団墓地に埋められたとみられている。

ウクライナ側は遺体の収容作業について「ロシア軍などによる地元住民への命令だった」とする。一方、ムヒナさんは「報酬として食料支援を受ける人もいた」と言った。

町は解放されたが、ムヒナさんは「今も怖い」と言う。

砲撃があるかもしれない。ロシア軍が戻ってくるかもしれない。「まだすべてが終わっていないのではと、思ってしまうんです」

[この章の筆者] 欧州駐在編集委員・国末憲人(前ヨーロッパ総局長)/金成隆一/イスタンブール支局長・高野裕介

第4章

［攻防］製鉄所立てこもりの真実

2022年4月から5月にかけて、ウクライナ情勢で大きな焦点の一つとなったのが、南東部マリウポリをめぐる攻防だ。

ウクライナでも有数の工業都市であるマリウポリは、14年にロシアが一方的に併合したクリミア半島と、親ロシア派が支配してきた東部ドンバス地方の間に位置する。ロシア軍がここを占領すれば、ドンバス地方からクリミア半島まで陸続きにつながることから、要衝となっていた。

2月24日の全面侵攻開始後、マリウポリはすぐに激戦地の一つになった。ロシア軍は3月初旬に街を包囲。住宅地に激しい砲撃が加えられ、市内全域で電気や水道が止まり、食料の調達も困難になった。3月9日に市内の産科病院がミサイル攻撃を受け、16日には市民が避難していた旧市街の劇場が攻撃され、世界に大きな衝撃を与えた。

そんな中、ロシア軍に抗戦するウクライナ兵が拠点にしたのが、街の中心部にほど近い港湾部にある製鉄所「アゾフスターリ」だった。

アゾフスターリは、ソ連が重工業化に力を入れ始めた1933年に操業が始まった。その後、ウクライナ全土がナチス・ドイツに占領された第2次世界大戦で徹底的に破壊され、再建。他の製鉄所や造船所と並び、街を象徴する存在となり、人口43万人のうち約1万人が働いていた。

東京ドーム235個分の敷地の地下には、巨大な地下空間が広がる。「爆撃や核攻撃にも備えて建設された」（親ロシア派勢力幹部）施設で、ウクライナ軍は地下トンネルを部隊や資材の移動に活用していたとされる。ウクライナ軍のほか、街から出られなくなった従業員や近くに住む市民も逃げ込んだ。

ロシア軍は3月下旬からマリウポリ中心部への進軍を本格化。しかし、アゾフスターリだけは最後まで制圧できず、製鉄所に砲撃や空爆を加える日々が続いた。

アゾフスターリを守っていたウクライナ内務省軍の部隊「アゾフ連隊」は4月18日、SNSに約5分の動画を投稿。そこには、製鉄所の地下シェルターで身を寄せ合って暮らす女性や子どもたちの姿が収められていた。衣服や毛布などが散らばり、頭上では多くの洗濯物などがパイプからつるされていた。簡易的なベッドもあった。

「僕たちは攻撃で建物が揺れても、あせらないようにしているよ」。少年がそう語る場面もあった。

マリウポリのアンドリュシチェンコ市長顧問は4月19日、アゾフスターリに女性や子ども、負傷兵ら最大2千人が身を隠し、ロシア軍の侵攻開始以来、「太陽もまともな飲料水も食料も、新鮮な空気もない」空間で生活しているとSNSで窮状を訴えた。

取り残されている市民や負傷兵らの人道状況が注目されるなか、5月1日に事態が大きく動いた。国連や赤十字国際委員会の関与のもと、製鉄所にいた女性や子どもら100人超が第1陣として脱出した。

その後も市民の退避は続き、ウクライナのゼレンスキー大統領は5月7日、「民間人の救出はほぼ完了した」と明らかにした。

地下シェルターで人々はどのような日々を過ごしていたのか――。

朝日新聞は300人超にのぼったとされる避難者への接触を5月上旬から試み、避難者のうちの一人、ナタリア・バブーシさんに連絡を取ることに成功した。5月17日のバブーシさんのインタビューを皮切りに、その後約1週間で、避難者8人から地下シェルターでの避難生活の様子などについて証言を得た。

4歳の子どもと避難し、死を覚悟したという母親。子どもや孫と離ればなれになった女性。リスクを冒して3月下旬に徒歩でアゾフスターリを脱出した男性……。それぞれの人の話には、人生があり、決断があり、苦しみがあった。それはニュースやSNSで垣間見た映像などでは、わからなかったことだった。

彼らへの取材のさなかの5月20日、ロシア国防省はアゾフスターリに残っていたウクライナ兵２４３９人が「投降」し、マリウポリを完全に制圧したと宣言。その後、ロシアは９月にマリウポリを含むウクライナ４州の併合を一方的に宣言した。

ウクライナ側の当局者によると、マリウポリでは2万人以上の市民が犠牲になったとされる。英ＢＢＣは、衛星写真の解析から市内に何カ所もの集団墓地が見つかったと報じた。

しかし、ロシアが一方的な併合を宣言した今、国際機関やメディアがマリウポリに入って、ロシア軍の攻撃による被害を詳しく検証することは、ウクライナがこの街を奪還しない限りほぼ不可能な状況だ。

ロシア軍に徹底的に破壊されたこの街で、住民らが逃げ込んだ製鉄所の地下で何が起きていたのか。本章では、マリウポリを逃れた避難者や、アゾフスターリからの避難者たちの証言を報告する。（国際報道部員・坂本進）

都市が制圧されるまで

南東部の港湾都市・マリウポリ。この街では2カ月半以上にもわたる包囲戦の末、5月20日、ロシア国防省が「完全制圧」を宣言。この間、10万人以上の市民が取り残され、2万人以上の市民が犠牲になったとされる。街で何が起きていたのか。市内から脱出した女性が、当時の様子を証言した。

取材に応じたのは、カトリック系ボランティア団体の地元活動家カテリーナ・スホムリノワさん（44）。戦火の中で、負傷者や病人を病院に運び続けた。

産業都市マリウポリは、炭鉱で知られた州都ドネツクが２０１４年に親ロシア派武装勢力に占拠されるまで、石炭の積み出し港としても繁栄した。中心部から東にはずれた川向こうには、ウクライナ有数の製鉄所「アゾフスターリ」がある。

３月中旬、スホムリノワさんが製鉄所のさらに向こうにある「左岸地区」の病院に物資を運ぼうとして対岸に着いたとき、橋は破壊され、車で渡れなくなっていた。

壊れた橋を歩いて渡ると、倒れている15歳の少女の姿が目に飛び込んできた。助けようと近づ

市庁舎
アゾフスターリ
製鉄所
ミサイル攻撃を
受けた劇場（避難所）
爆撃された産科病院
港湾施設
アゾフ海
マリウポリの中心部

くと、近くで燃え上がる車の中に男性の姿が見えた。車の陰には血だまりが広がり、女性が倒れていた。

少女は車の中の男性は義父、女性は母だと言った。近づくと女性はまだ息があり、「娘を助けて」と懇願した。避難しようとした一家が砲弾を受けたのだろうか。少女は意識を失いかけ、片腕がブラブラになっていた。肩も首も傷だらけで、背中は背骨が見えそうなほど裂けていた。スホムリノワさんは、リュックに入れてあった、ありったけの包帯を使って止血を試みた。

少女を背負って約3キロ歩き、左岸地区の住宅街にある病院まで運んだ。その後、どうなったのかはわからない。「とにかく医師たちが彼女を助け、今も無事でいることを祈ります」

左岸地区は、市の境界から東に数十キロの距離にある親ロシア派支配地域に近い。2月24日にロシア軍が侵攻を始めると、ミサイルや砲弾による攻撃を受けた。3月に入ってドローンで撮影された映像では、立ち並ぶ高層住宅が軒並み焼けただれ、地区はほぼ廃墟と化していた。

スホムリノワさんの自宅アパートも、左岸地区にあった。そのアパートも侵攻開始から2日目に爆撃を受け、娘（17）が気を失った。外壁が破壊され、同じ地区内にある、自らが所属するボランティア団体の事務所に夫（49）、娘と3人で移った。

市当局によると、マリウポリが包囲されたのは2月28日だ。当初は激しい空爆や砲撃が続き、3月9日か10日ごろからは左岸地区にロシア兵が侵入し、銃撃戦が絶え間なく続いた。スホムリノワさんは「当初の空爆は15～20分激しく続くと、その後1～2時間の静寂があったが、銃撃戦が始まると、もうそんな静かな時間はなくなった」と振り返る。

3月上旬は零下8～10度の日が続いた。多くの集合住宅や家屋は窓ガラスがなくなり、人々は暖をとるため、建物の地下にある避難所に集まるようになった。

だが、大勢の人が集まる避難所は空爆の対象になった。3月16日、約1千人が避難していたとされる市中心部の劇場が爆撃されたが、左岸地区ではその前から避難所が狙われる傾向があった。

「がれきの中で人々が死んでいた」とスホムリノワさんは証言する。

「毎日毎日、(状況は)最悪だと思っていた。でも次の日もその次の日も、もっともっと悪くなっていった」

スホムリノワさんはボランティア団体の事務所を拠点に、動けないお年寄りを避難所に運んだり、けが人を病院に運んだりした。市内は常にロシア軍の攻撃にさらされ、途中から日付の感覚がなくなった。

ロシア軍に包囲され、電気、水道、ガスが止まった。人々は当初、海側にあるわき水をくみに行き、残り少ない食材を持ち寄って、通りでたき火をおこして調理していた。だが、銃撃戦が激しくなり、外でたき火ができなくなった。買い込んでいたパンも尽きた。

スホムリノワさんの活動は、日に日に困難になっていった。ロシア軍の攻撃が始まった当初、

製鉄所のアゾフスターリ＝2022年4月25日、マリウポリ、ロイター／アフロ

スホムリノワさんは負傷者を市中心部に近い州立救急病院に運んでいたが、その病院は3月中旬、ロシア兵に占拠された。以後、負傷者は、より困難な状況に置かれた左岸の病院に運ぶしかなかった。

病院の地下には、200人の患者、家族、医療スタッフがいた。水、食料、何もかもが不足していた。だが、橋が壊されたため車が通れなくなり、救援物資の搬入もできなくなった。

ロシアはウクライナとの停戦協議で、住民を退避させる「人道回廊」に合意したはずだったが、実際には攻撃がやまなかった。市民が赤十字国際委員会の先導で自家用車でマリウポリを離れることができるようになったのは、3月中旬になってからだった。

スホムリノワさん一家は17日、別の家族と計7人で車に乗り、人道回廊とは別の道をたどって脱出した。スホムリノワさんは市議で、夫もボランティア活動家のため、ロシア軍のブラックリストに入っている可能性が高かったためだ。

脱出の道中、いくつものロシア軍の検問所があった。西に約80キロの港湾都市ベルジャンスクはロシア軍に占拠され、マリウポリから退避する住民のパスポートを、データベースと照合していると聞いた。このため検問所は迂回《うかい》し、ベルジャンスクを通らない道をたどった。

南部のザポリージャを経由し、中西部ビンニツァ州に逃れた。今後、心に傷を負った娘のリハビリの場所を探したいという。

「地獄の製鉄所」で何が起きたか

ロシア軍は4月21日の時点でマリウポリの掌握を宣言しているが、その後も1千人超のウクライナ兵が、港湾部の製鉄所「アゾフスターリ」を拠点に抵抗を続けた。避難していた300人超の市民も脱出が困難となり、地下で2カ月以上を過ごした。広大な地下空間を有し、「要塞」とも言われるこの製鉄所で、一体何が起きていたのか。退避した市民たちに、地下生活の実態を聞いた。

スープねえさん。彼女は「地下」で、そう呼ばれていた。

ウクライナ南東部マリウポリの製鉄所「アゾフスターリ」の技術者だったナタリア・バブーシさん（35）が、夫のボロディミルさん（42）と製鉄所の地下シェルターに入ったのは3月2日。ロシア軍が街を包囲し始め、自宅で銃声を聞いた。

「いよいよ避難しないといけない」。2日間のつもりで、製鉄所に逃げ込んだ。まさか、66日間もいるとは思っていなかった。


着いたその日、製鉄所の配電施設が爆撃され、電気が通じなくなった。懐中電灯やろうそくの明かりのもとでの、薄暗い生活が始まった。避難したのは4階建て工場の地下1階。50平方メートルほどのコンクリートに囲まれた空間だった。

3月上旬で、外も地下も凍えるような寒さだった。ラジオの天気予報で、最低気温が零下12度になると予想された日もあった。十分な毛布や防寒着がなかったため、極寒の夜は夫と身を寄せ合い、一睡もせずに過ごした。

爆撃は何日も続いた。近くで爆発が起きると、そのたびにシェルターは大きく揺れた。帰ろうにも、怖くて外に出られない。時間だけが過ぎていった。

避難開始から数日が経ったとき、シェルターの倉庫には150食分のパスタや米と缶詰が残っていた。そのときシェルターにいた約30人で分け合うと、1日1食にしたとしても1週間ももたない。食べ盛りの子どもも何人もいた。

避難が長引けば、食べ物がなくなる――。どうすればいいのか。「スープねえさん」が動き始めた。

それまで食事は、家族単位で集まり、それぞれで取っていたが、避難者全員でまとめて調理した方が、少ない食材で済むと考えた。

「1日1回、スープを作りませんか」。まわりの避難者たちに提案すると、みんな賛同してくれた。食べ物がなくなる不安は共通していた。ナタリアさんは全員分の食事の管理を買って出た。

「アゾフスターリ」での2カ月間の地下生活を証言するナタリア・バブーシさん＝2022年5月17日、ウクライナ西部ブコベル、坂本進撮影

手元にはパスタや米、3種類の缶詰のほか、塩や蜂蜜、砂糖、各自が持参した少量の保存食があった。1日2食、朝はパンケーキなどを焼き、昼は体が温まるスープを作ると決めた。夜はお茶をわかした。

しかし、そもそも鍋やコンロがなかった。夫のボロディミルさんら男性たちがシェルターの外に出て、工場内で鍋や燃料となるようなものがないか探し回った。木材のほか、新型コロナウイルス対策のアルコール消毒液が燃料代わりになった。

空気が循環していないシェルター内では火をおこせなかったの

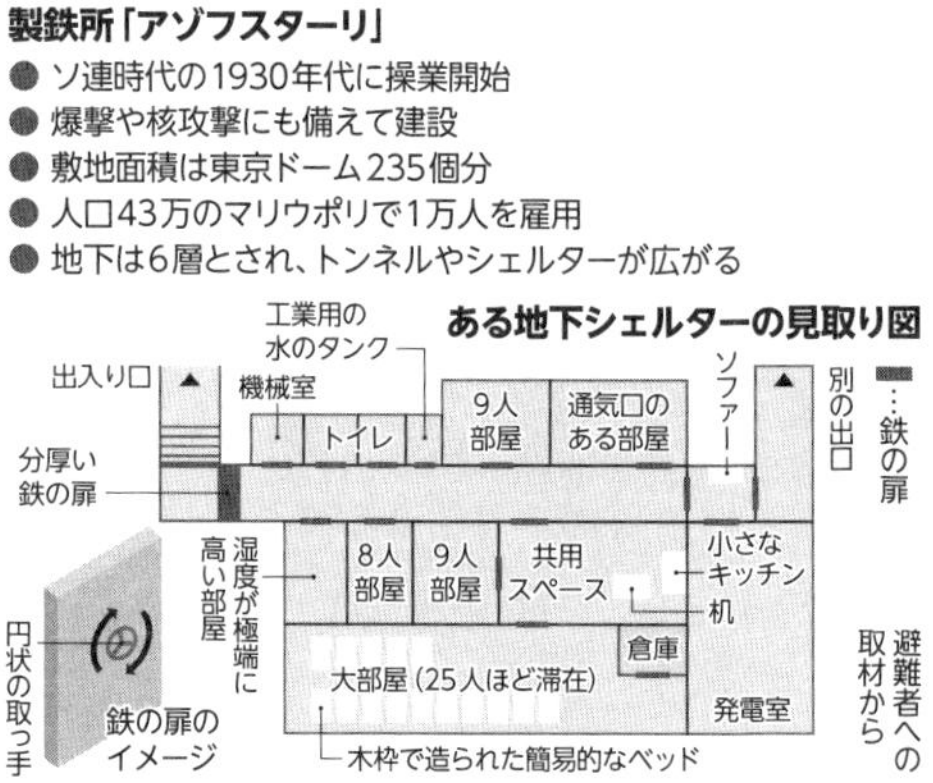

で、工場1階にコンクリート片を組み立てて、簡単な調理台を作った。5リットル鍋二つに水を張り、オートミールの缶詰2缶にパスタを少量。塩で味付けした。

「味が薄いからおいしくないかもしれない」。そう伝えたが、食事を提供するとみんなが笑顔になって、「おいしい」と言ってくれた。避難者の一人は取材に「あのスープが生きる希望を与えてくれた」と語った。

地下シェルターは、寒さに加えて、湿気がひどかった。ナタリアさんは避難者が持ってきていたソーセージなど、傷みやすそうな食材は早めに使った。

3月中旬。米やパスタがだんだんと減ってきた。大人は1日1食に変えた。子どもには昼のスープが余れば、夕食として与えた。いつしか子どもたちから、「スープねえさん」と呼ばれるようになった。

数日に1回、ウクライナ軍の兵士が見回りに来て、少量の食料を提供してくれた。爆撃で他の地下シェルターが破壊され、避難者が生き埋めになったという話を聞いた。向かいの工場の地下に別のシェルターがあり、そこにいる避難者とも情報交換した。「退避できる方法はないか」。考えていることは同じだった。

避難者の中には、製鉄所からの脱出を試みた人もいた。シェルターを出ても爆撃が続いて移動できず、結局、夜になって戻ってくる人もいた。

ナタリアさんは1日数回、調理などのためシェルターから出た。火を使う料理は常に危険と隣り合わせだった。煙がロシア軍に見つかれば、爆撃される恐れがあったためだ。調理に出るときはボロディミルさんがそばについていてくれた。

爆撃がない日は、ほとんどなかった。調理台は砲撃で2回破壊された。砲撃だけではなく、飛行機から空爆されることもあった。今でも飛行機の音を聞くと、身がすくむ。「シェルターの外に出るのは本当に怖かった」

着ていたジャケットには、両親の電話番号を書いた。万が一、爆撃の犠牲になり、あとで発見されたとき、自分だということがわかるようにするためだった。

調理中は「スープねえさん」と慕ってくる子どもたちのことを考えるようにした。子どもたちはシェルターの中で、チーズたっぷりのピザやハンバーガー、アイスクリームの絵を描いていた。少しでもおなかいっぱいにさせてあげたかった。もともと料理は夫に任せっぱなしだったが、来る日も来る日も、スープを作り続けた。

4月中旬、ウクライナ軍の兵士に促され、向かいの工場のシェルターに拠点を変えた。地下1

階であることは変わらなかったが、シェルター内にいくつも部屋があり、広かった。元のシェルターは負傷兵の治療のための部屋に使われた。

シェルターにいた避難者たちはどんどん痩せていった。備蓄していた水が減ると、雨や雪を溶かして飲み、得体の知れない容器に入っていた水を飲む必要にも迫られ、腹を下す人もいた。

そして、5月6日。ウクライナ兵が急いだ様子でシェルターを訪れ、「5分で出て」と言った。4月下旬から国連と赤十字国際委員会が関与し、アゾフスターリから民間人の退避が進んでいた。65日ぶりに見た製鉄所の敷地内は、ロシア軍の爆撃によりあらゆる建物が破壊され、コンクリートやガラスの破片が一面に広がっていた。

「周囲には地雷が設置されている」と兵士は言った。上空にはドローンが飛んでいた。兵士の先導で、1時間半ほどかけて、製鉄所の外に出た。そこで国連職員と合流し、バスに乗せられた。

バスが到着したのは、親ロシア派支配地域内にあった「選別キャンプ」だった。「話したくない」。選別キャンプでの出来事について、ナタリアさんは語ろうとしなかった。

ナタリアさんはキャンプで2日間過ごし、5月8日、再びバスに乗って中南部ザポリージャに着いた。「生きて帰れるか、本当にわからなかった」。ザポリージャに到着したときは、まだ現実だとは思えなかった。

その日の夜。夫のボロディミルさんがホテルの近くの売店で、パンとバターを買ってきてくれた。解放されて初めての食事だった。避難者の中には「ソーセージが食べたい」と話していた人もいたが、2カ月ほどスープやパンケーキしか食べてこなかったので、あっさりした食べ物がよかった。

部屋で夫と、スライスされた白いパンにバターをしっかり塗った。小さくちぎって口に入れると、小麦の香りが鼻を抜けていった。2人の顔から笑みがこぼれた。

「パンってこんなにおいしかったんだ。人生で食べたものの中で一番おいしい」

自分たちは生きているんだ。このとき、やっと実感した。

今はウクライナ西部のスキーリゾートの町ブコベルで、ほかの避難者とともに、政府が手配したホテルに滞在している。

66日間の地下生活、いつ爆撃されるかわからない恐怖、飢え、ロシア側の選別キャンプ……。ロシア軍の攻撃で2万人以上の市民が犠牲になったとされるマリウポリで、自分たちは九死に一生を得た。

その体験をどう伝えていったらいいのか。ナタリアさんは避難から数日経って、「スープねえさん」の名前で、ユーチューブを始めようと決めた。過酷な状況下でのサバイバル方法を紹介していくつもりだ。

別の女性は地下生活を振り返り、希望を奪われていくことの辛さを語った。ジャガイモのコロッケで作った小さな誕生日ケーキ。ささやかな祝福で生まれた笑顔も、砲撃が奪っていった。

その日は、誕生日サプライズが用意されていた。

3月19日。ウクライナ南東部マリウポリの製鉄所「アゾフスターリ」では、長い地下生活の一日が、この日も終わろうとしていた。湿気でじめっとしているのに、夜になると凍えるような寒さ。食事は少なく、水も満足に飲めない。ロシア軍の爆撃は連日激しさを増していく。ウクライナ兵はいつ出られるかを教えてくれず、希望が見えない。

避難生活が始まって2週間が過ぎ、マリウポリ出身のラリサ・ソロプさん(49)は、そんな毎日を送っていた。

しかし19日は、シェルター内の雰囲気がいつもと違った。約40人いた避難者のうち、一人の誕生日があったからだ。それまでシェルター内で誰かの誕生日を祝うことはなかった。この日は誰かが「サプライズで祝おう」と言って、準備が進められていた。ソロプさんも一緒に飾り付けを手伝った。

ソロプさんが滞在した地下シェルターは、製鉄所内の他のシェルターに比べて部屋数が多かった。地上4階建て工場の地下1階で、階段を下りた分厚い鉄の扉の先にあった。鉄の扉には円状の取っ手がつけられ、それを回すと施錠できた。シェルターの中に入るとまっすぐな廊下がある。左手には手前から、機械室、トイレの個室二つ、10人ほどが入れる小居室が2部屋。右手には手前から、小居室が2部屋ある。そのうちの1部屋は湿度が高すぎて誰も使っていなかった。

廊下の奥にある共用スペースに入ると、さらに小さな居室が1部屋と、最大で30人ほどが入れる広い居室が続いた。広い居室には、食料や水を入れた小さな倉庫もついていた。入り口から続く廊下の先には、「ディーゼル室」と呼ばれていた発電室もあった。共用スペースには、ポットでお湯をわかせるくらいの小さな手作りのコンロがあり、簡単なキッチンとして使われていた。

ソロプさんは3月19日の夕方、子どもたちがキッチンで作業している様子を近くで見ていた。ジャガイモのコロッケで小さな「誕生日ケーキ」を作っていた。ろうそくもついていた。共用スペースには風船も飾られ、準備は万端整った。誕生日を迎える人は、部屋が違ったため詳しくは知らなかったが、子どもがいる30代くらいの父親。電気技師だった。

男性はこの日も、昼間から共用スペースの隣にある発電室で作業をしていた。機械が稼働する重低音が時折、響いていた。

夕方になり、その音がやんで扉が閉まる音がした。いよいよ男性が戻ってくる。子どもたちが

「アゾフスターリ」の地下シェルターで、2カ月間の避難生活を強いられたラリサ・ソロプさん＝2022年5月20日、西部ブコベル、飯島健太撮影

共用スペースで、男性のことを今か今かと待っていた。

「おめでとう！」お祝いの声が、部屋に響いた。ソロプさんは久しぶりに、誰かを祝福する声を聞いた。男性の笑顔が見えた。

それから、1分もたたない間の出来事だった。突然、地面と壁が大きく揺れた。衝撃音が部屋の中にこだました。お祝いムードは一瞬で消え、みんなの叫び声が次々に響いた。今までになかった衝撃だった。

あとからわかったことだが、ロシア軍の砲弾が地面を突き破り、誕生日の男性がつい先ほどまで作業をしていた、隣の発電室を直撃していた。

まだ共用スペースのドアの前に立っていた男性は、慌てて中に入り、ドアを閉めようとしていた。しかし、うまく閉められない。男性は泣き叫んでいた。あと数分遅かったら、砲撃が直接当たっていたかもしれなかった。

「発電室で機械を動かして煙が出たから、ロシア軍に標的にされたのかもしれない」。別の避難者はソロプさんに言った。

ソロプさんは取材に対して、地下生活で一番つらかったこととして、「希望を奪われていったこと」をあげた。いつミサイルが自分の部屋に落ちてくるかわからない。いつ脱出できるかもわからない。ロシア軍は、苦しい生活の中の一瞬の喜び、一瞬の祝福すら奪った。

ソロプさんの心をつなぎとめたのは、家族の存在だった。ロシアによる侵攻前、近所に住んでいた一人娘（29）と6歳と3歳の孫娘たちだ。ソロプさんは10年以上前に離婚し、侵攻前は一人暮らしをしていた。そんな彼女のもとに、娘と孫たちは毎日顔を見せに来てくれた。「みんなにまた会いたい。また抱きしめたい。孫たちの成長を見たい」

侵攻直後から離ればなれになり、生きているのかもわからなかった。それでも死と隣り合わせだった地下での66日間、娘と孫たちを思い続けた。

5月6日、国連と赤十字国際委員会の関与により、バスで製鉄所から退避した。最初に連れて行かれたのは、マリウポリの東約30キロの親ロシア派支配地域にあるベズイメンネ村だった。そこにあるロシア側の「選別キャンプ」を経て、たどり着いた中南部ザポリージャでは、真っ先に美容室とネイルサロンに行った。ネイルに塗る色は、特に意味はなかったが、侵攻前はあまり選ばなかったワインレッドにした。

10日からは、ウクライナ西部のスキーリゾートの町ブコベルで、政府が用意したホテルで過ごしている。製鉄所を出てから、娘たちは国外に避難していることを知った。送られてきた孫たちの写真や動画を見ると、侵攻前と変わらない、元気ではしゃいでいる姿があった。

もうすぐ会える。青く澄み切った空を眺めながら、その日が来るのを心待ちにしている。

脱出後の選別キャンプ「息子を返して」

別の女性は、製鉄所「アゾフスターリ」の地下シェルターを出たあと、長男とともに親ロシア派勢力の「選別キャンプ」に送り込まれた。尋問の翌日、親ロシア派の兵士が長男に言い放った。「お前はウクライナ軍人に違いない」。連れて行かれた息子の行方は。

密閉された地下で身を固くしていた。ずっと、窒息しそうだった。そんな日々を送った末に、65日ぶりに外に出た。「ゆっくりと胸いっぱい、新鮮な空気を吸おう。あと、お手洗いを使いたい」

5月6日、ウクライナ南東部マリウポリの製鉄所「アゾフスターリ」の地下シェルターから、バレンティナ・ベッツさん（63）は退避した。ところが、そんな小さな喜びを味わう時間は一瞬たりとも来なかった。製鉄所からバスに乗せられ、親ロシア派勢力が支配する地域に連れて行かれた。マリウポリの東約30キロにあるベズイメンネ村の選別キャンプだ。

そこではまず、身体検査があり、久しぶりに体重計に乗った。避難前より12キロも減っていた。ムスタファさんという男性に血圧を測定され、ビタミン剤を渡された。国連の医師で、レバノン人と聞いた。

15張りほどあったテントのうちの一つに入るよう指示される。親ロ派勢力の女性兵士の前で着ていた衣服を脱がされ、裸にされた。武器を持つときにできる痕がないかを調べるためだ。屈辱だったが、何も考えないようにした。

持ち物も調べられた。旧式の携帯電話しか持っていないのに信じてもらえず、スマホを隠しているだろうと強く疑われた。

次は尋問だった。テントの中に男の兵士5～6人がそれぞれのテーブルで待ち構えている。いつ、どうやって、なぜ製鉄所に行ったのか。その後、どのように過ごしたのか。どうやって地下シェルターから逃げてきたのか。兵士たちはこれまでの行動について細かく聞き取り、ノートに記していった。間違ったところがあっても、最後に署名を強要された。

「今後、どこに行きたいか」と尋ねてきたので、安全だと思われていた中南部ザポリージャを挙げた。すると、兵士は「そこはまもなく我々のものになる」と言い放った。ロシア軍は3月4日、ザポリージャの南方の街エネルホダルにあるザポリージャ原発を制圧していた。さらに、「マリウポリも我々が大きく変えていく。もう戻らない方がいい」とも言った。

ロシア軍は4月21日、マリウポリを「解放した」と発表。街をリゾート化する計画さえ示していた。アゾフスターリからウクライナ兵の退避が完了した5月20日には、完全に制圧したと宣言していた。

他のテントには、国連や赤十字国際委員会の職員がいた。そうした外部の目を気にしていたからだろう。親ロシア派の兵士は礼儀正しく振る舞っているように見えた。

翌日の正午前だった。待機場所として指定されていたテントを、親ロシア派の男3人が訪れた。一緒にいた長男ボロディミルさん（40）にいきなり告げた。

「お前はウクライナ軍の軍人に違いない」

まったくの言いがかりだった。何を言っているのか理解できなかった。長男は軍人ではない。20年近く製鉄所に勤める従業員で、最近では道路の修繕を担当していた。そういう説明を聞くこともなく、長男は無理やり連れて行かれた。

「私も一緒に連れて行け」

必死に叫んだが、男たちは無視した。

5月8日、キャンプから解放されることになった。国連や赤十字の職員の姿が見えないとき、親ロシア派の兵士は態度を一変させ、自分たち避難者を怒鳴りつけた。

バスの窓から村の学校が見える。避難者の尋問や収容に使われていた。

「あのどこかに息子がいるかもしれない」
11年前に夫を亡くし、同居する次男は病気がちで定職に就いていない。ベッツさんも、1年前にがんの手術を受けたばかりだった。責任感が強く、優しさにあふれる長男こそが頼りなのに――。

避難先の西部ブコベルのホテルで取材に応じたベッツさんは声を落とし、テーブルの上に乗せた両腕に頭をうずめた。ウクライナ政府が手配したブコベルのホテルに滞在できるのは、6月10日までだ。今後の行き先も住まいも決まっていない。

「息子を返して」

求めることは、ただそれだけだ。でも、「返してって、誰に訴えればいいのでしょうか」。息子の無事を祈りながら、途方に暮れている。

長男のボロディミルさんと引き離された状況を説明するバレンティナ・ベッツさん＝2022年5月19日、西部ブコベル、飯島健太撮影

[この章の筆者] 国際報道部員・喜田尚(前モスクワ支局長)/坂本進/大阪社会部員・飯島健太(前テヘラン支局長)

製鉄所「アゾフスターリ」をめぐる経緯

2022年

2月24日	ロシア軍がウクライナに侵攻。南東部マリウポリの攻撃が始まる
3月初め	ロシア軍がマリウポリの包囲を開始
4月16日	ロシア国防省が「マリウポリ市街地からウクライナ軍を完全に排除した」とし、製鉄所で抵抗を続けるウクライナ兵に対し、翌17日に投降をよびかけ
17日	ウクライナ側は投降の呼びかけを「最後まで戦う」と無視
19日	ロシア軍が製鉄所にとどまるウクライナ軍に対し、改めて投降を呼びかけ。市当局が子どもを含む市民1千人以上が避難しているとSNSで訴え
21日	ロシアがマリウポリ掌握を宣言
5月1日	ウクライナのゼレンスキー大統領や国連、赤十字国際委員会が、市民100人超が製鉄所を脱出し、親ロシア派支配地域へ移動していると明らかに。市民はその後、中南部ザポリージャに移った
2日	ロシア軍が製鉄所を再び激しく攻撃。市民の退避が中断
6日	市民約50人が再び製鉄所から退避
7日	ゼレンスキー氏が、取り残されたほぼすべての市民が救出されたと発表。ウクライナ内務省軍の部隊「アゾフ連隊」の兵士が残り、抵抗を続けているとする
16日	製鉄所からウクライナ兵の退避が始まる
20日	ロシア国防省が、ウクライナ兵の最後のグループが「投降」したと発表。マリウポリを完全に制圧したと宣言

第5章

［爪痕］復興とそれを妨げるもの

ロシアによるウクライナ侵攻は、ごく普通の市民の生活を一変させた。そこは必ずしも戦場とは限らない。ロシア軍が去った街、足を踏み入れなかった街ですら、その爪痕が深く刻まれている。

２０２２年10月下旬、記者は首都キーウの銀行にいた。そのとき、空襲警報が鳴り始めた。「申し訳ないのですが、規則なので」。業務を中断しなくてはならないのだという。「それほど時間のかかることじゃない。何とかできないものか」。急ぎの用事を済ませたいので、そうお願いしてみた。だが、周囲はそそくさと上着を着て避難していく。隣にいた男性客は、「仕方ないさ」とでも言いたげな顔だった。

１時間ほどだろうか。警報は解除され、再び銀行に戻った。すぐには開かないらしく、寒空の下で数人の客がドアの前に立っていた。誰も文句は言わない。ただただ、黙って待っている。

これが、キーウの日常だ。

４月上旬にキーウ州一帯がロシア軍から解放され、飲食店もにぎわうなど比較的平穏を取り戻した首都。それでも、朝日新聞の記者が滞在する宿に近い大型スーパーも、警報が鳴れば客は店外に出された。

10月以降は、ロシア軍がインフラを標的にしてミサイルやドローンで次々と攻撃を仕掛けてきた。爆発音や、空からいつ何かが落ちてくるかもしれないという恐怖はもちろんある。だが、インフラ破壊で停電が起き、洗濯機が止まり、スマホの充電ができないという、本来あるべき日常もまた、壊されていた。

ロシア軍が一時占領したキーウの近郊の街で、11歳の少年に会った。ミハイロ・グラック君。ロシアの侵攻は彼の日常もまた、破壊した。

料理、散歩、映画鑑賞——。ミハイロ君は、父のオレクサンドルさん（65）とそんな日々を過ごしていた。イースター（東方正教会の復活祭）では、インターネットでレシピを見つけ、2人でパンを焼いた。うれしくて、周囲に自慢した。

ミハイロ君は1年半ほど前、ぜんそくを抱えていた母のユリアさんを亡くしたばかりだった。大好きな母を失ったミハイロ君に寂しい思いをさせまいと、オレクサンドルさんはできるだけ長い時間を一緒に過ごそうと努めた。

ロシアの侵攻が、そのすべてを変えた。2月24日のロシア軍の侵攻後、自宅に地下シェルターのなかった2人は近所の家に避難した。ジャガイモや野菜の酢漬けの貯蔵庫だった約4メートル四方の地下室で、この家の男性と3人で川の字になって寝起きした。約1カ月間、寒さに耐えるため防寒着を着込んで眠りについた。

暗い気分にならぬよう、チェスやカードゲームで遊んだ。これもオレクサンドルさんの父親としての配慮だった。

3月23日、オレクサンドルさんの誕生日を迎えた。ケーキは用意できない代わりに、クッキーを食べた。オレクサンドルさんは酒を飲まないが、どこからか手に入れたテキーラで、近所の人たちがささやかに祝ってくれた。

その3日後、朝食の支度をしていたオレクサンドルさんが体調不良を訴えた。だが、ロシア軍が占拠し、スナイパーが配置された街を出歩けば撃たれる。携帯電話の電波が入らないので救急車は呼べないし、そもそも病院は機能していないようだった。

夕刻、息が弱くなるオレクサンドルさん。何か言おうと口を動かしたが、もう声は聞こえなかった。午後8時ごろ、息を引き取った。ミハイロ君は、たった一人の家族を失った。

住民8人が、オレクサンドルさんの家の裏庭に穴を掘り、仮埋葬した。ロシア軍に占拠され、墓地にすら行くことができなかったからだ。記者が訪ねたとき、木材で作った十字架がその場所に残されていた。

「ミハイロはもう一人前の男だ」。生前、オレクサンドルさんは周囲にそう語っていた。父の死を知らされふさぎ込んだミハイロ君だが、数日経つと普段通りに住民と接し、気丈に振る舞ったという。

ミハイロ君は今、自宅から約20キロ離れた街で祖母と叔父と暮らしている。「ここは快適で、おばあちゃんのカツレツがおいしい」とはにかむように笑うミハイロ君。ただ、「やっぱり家に帰りたい」とも言った。両親を立て続けに失ったことを、「気持ちをどう言葉にすればいいかわからない。でも、時間が経てば少しよくなるかも」と話してくれた。

6月5日の誕生日、「友だちみたいな存在」という叔父のビャチェスラフ・メルニクさん（34）が、緑色の自転車をミハイロ君にプレゼントした。少しでも早く、普通の生活に戻って欲しいから。そんな思いだった。

「苦しんだ分は必ず、幸せとなって返ってくるはず。そのために、私はミハイロを支えていく」。ビャチェスラフさんはそう言った。

周囲で戦闘は収まっても、ひとりひとりの戦争に終わりはない。空襲警報が鳴るなか、「死んだら仕方ない。運が良ければ生き残る」と、仕事を続けた市場の店員。母語を捨て、名前すら変えたロシア出身の63歳の男性。地雷で右足が吹き飛んだ男性。

本章では、ウクライナ各地で朝日新聞の記者が出会った市井の人たちの今を描いている。ロシアの侵攻がなければ、きっと変わらぬ生活を送っていたであろう人たちの姿を報告する。

（イスタンブール支局長・高野裕介）

破壊された街、埋められた地雷

4月、ロシア軍の地上部隊が撤退したキーウ周辺では、復興の機運が高まっていた。侵攻で大きな被害を受けたキーウの隣町・イルピンでも4月中旬、避難していた住民の帰還が始まった。街に人は戻ったものの、各地で残る破壊の爪痕が、元どおりの生活を困難にしていた。

キーウと、その北西の郊外都市イルピンとは、松林の中を走る長さ8キロの一本道で結ばれている。4月15日の朝、この道路が車で埋まった。渋滞はキーウ市内にまであふれ出し、延長10キロに及んだ。

2月から3月にかけて激しい攻撃にさらされたイルピンでは、多くの住民がキーウや他の街に避難。ロシア軍が4月初めに撤退した後は、行政やボランティアらが街路の整備や地雷除去を進め、落ちた橋を復旧。この日から帰還が認められた。住民らは我が家を目にしようと、一斉に故郷を目指した。

大渋滞の原因は街の入り口の検問。途中で車を投げだし、徒歩で街を目指す人が続出した。

イルピンで美容院を営んでいたアントンさん(25)、マリーナさん(25)夫妻は、ロシア軍侵攻翌日の2月25日、中部ポルタワ州の親戚宅に避難。この日午前6時にキーウを車で出発したが、渋滞で身動きが取れなくなり、7時から徒歩に切り替えた。10時過ぎ、市境に到着した。「うちはもうすぐそこです」

ただ、自宅は壊されたと聞いている。「実際にどうなっているか、この目で確かめないと。片づけたら何とかなるかも知れないし、日用品を回収できるかも」

可能なら翌日にでも美容院を再開したいという。

キーウ近郊のイルピンで破壊された住宅前を歩く人たち＝2022年4月15日、イルピン、竹花徹朗撮影

キーウ近郊のイルピン市内で、家屋が最も激しく壊れているのは、北隣のブチャに近い地区だ。ブチャに陣取ったロシア軍とイルピンのウクライナ軍が激しく衝突。ウクライナ側が押し返したものの、周囲のマンション群は穴だらけになった。

その一棟の2階に暮らしていた建設作業員セルゲイ・ナイクレサさん（50）は4月15日、3月8日に避難して以来の自宅に戻った。窓ガラスは壊れ、内部は荒れ放題。ブチャに向いた北側の窓からミサイルが飛び込み、南側へと自宅を貫通したのだという。

妻と2人の子どもは、祖母が暮らすスペインに避難している。「家がこんなに荒れてとても悲しい。家族がいつ戻れるのか、見当もつきません。まずは片づけをしないと」

電気も水道も復旧していないが、ここで暮らすという。「食料と飲料水は用意しました。確かに最初は不便ですが、もう15年暮らしている場所ですからね。ネットが辛うじてつながるので、近所の人々と協力態勢を築きたい」

市内の病院に勤めていた看護師タイシヤ・オスタプチュクさん(53)は、90歳の祖母を連れて避難。10日に、中心部の自宅に戻った。第2次世界大戦をこの街で経験した祖母は「ナチス・ドイツだってこんなにひどいことはしなかった」と、ロシア軍の破壊を嘆いたという。


ロシア軍が撤退し、復興を目指す各地の町だが、直面した課題は生活インフラの整備にとどまらない。ロシア軍の占領地区に残された地雷や爆発物も、大きな脅威となっている。撤退時にわざと仕掛けていったものも多く、被害は後を絶たない。

「危険　地雷!」

鳥のさえずりが響く森の一角に、頭蓋骨の絵があしらわれた赤い看板が現れた。首都キーウの北西約90キロ。高さ約30メートルの針葉樹の隙間に目をこらすと、四方を規制線で囲まれた場所が何カ所も見え、壊れた車の残骸もあった。近郊のノビマカレビチ村に住むペトロ・カシュピルコさん（59）は、ここで地雷の被害にあった。

ロシア軍は3月末にキーウ州一帯から撤退を始めた。その直後、食料などを手に入れるためにカシュピルコさんは義理の息子オレクサンドルさん（25）、孫のルスラン君（3）らと出かけた。だが、この森の中の小道で車が故障した。カシュピルコさんらは修理の部品を取りに行くために、オレクサンドルさんを残して、この場を離れた。約5時間後に戻ると、オレクサンドルさんの姿がなかった。何日待っても帰ってこず、ロシア軍に連れ去られたとみられている。

4月9日朝、オレクサンドルさんを捜すために、再びこの小道に入った。地雷の除去は済んでいると思っていた。オレクサンドルさんの妻である長女オルガさん（33）と、残された彼の車のそばを歩いていたときだった。

森の木々に爆発音が反響した。何かを踏んだ感触はまったくなかった。娘が叫ぶ声が聞こえ、右足のブーツが舞い上がったのは覚えている。

ジーンズから革のベルトを外し、止血のため自分で右足に巻き付けた。「燃えるような痛み」だった。娘はすぐに助けを呼びに行ったが、次第に意識がもうろうとしていった。

地雷の被害を受けたのが、「孫でなくて、私でよかった」と話すペトロ・カシュピルコさん（右）＝2022年6月2日、ウクライナ・ノビマカレビチ村、矢木隆晴撮影

「一番怖かったのは、鳥が何羽も集まってきて頭上を飛んでいたことです。死んだら食べられてしまう、と」。吹き飛んでいった右足の一部は、今も見つかっていない。

2週間の入院後、自宅に戻った。右足の下20センチほどを失ったことは頭では理解しているが、感覚が追いつかず、何度も転んだ。天気が変わると傷口が痛む。どこに相談すれば義足を作れるのかも、わからない。

寒い冬を越え、春の陽気が包み始めた6月初旬。「本来なら、趣味の釣りや日曜大工、農作業を楽しんでいるはずだった」と、カシュピルコさんは悲しげな顔を見せた。ただ、「神は存在していた」とも言った。「地雷を踏んだのが孫でなく、私だったのが救いです」

ロシア軍による地雷の被害は各地で続き、撤去作業が行われている。

5月下旬、キーウ近郊ゴレンカでは、ウクライナ政府の専門チームが、湖の中や水辺で不発弾や地雷の捜索を行っていた。この湖は夏になると地元住民が泳いだり、バーベキューをしたりして楽しむのだという。

ダイバーが入ると危険なため、水中カメラを使って砲弾やロケット弾を見つけ、船上からロープで次々と引き上げていた。水辺では探知機で慎重に地雷を捜していた。責任者のセルギー・レバさん（37）は「まだまだ多くの地域で除去活動をする必要がある」と警戒を強める。

ウクライナ内務省によると、広範に敷設された地雷などの除去には10年を要する恐れもあるという。対人地雷は「悪魔の兵器」とも呼ばれ、使用や製造、保有を全面的に禁止する対人地雷禁止条約（オタワ条約）が1999年に発効した。160を超える国々が参加するが、ロシアや米国は入っていない。ウクライナでは2014年、東部のドンバス地方で勃発した親ロシア派武装勢力とウクライナ軍との武力衝突でも多くの地雷が使われた。

引き裂かれた心

侵攻がもたらした爪痕は目に見える範囲だけではなく、人々の心の奥にも、深い傷が刻み込まれている。大切な家族が戦死、あるいは捕虜になったという人も多く、その離別の苦しみは計り知れない。長男が戦死し、次男が捕虜になって帰ってこないという兵士の母が、胸中を打ち明けた。

「起きたことは起きたこと。仕方がない」。取材の初め、息子2人の消息を尋ねると、ネリャ・シャストゥンさん（51）はそう答えた。目には涙を浮かべていた。

3月まで、南東部マリウポリの5階建てアパートに一人で暮らしていた。母子家庭で、2人の息子を育てた。長男のイゴールさん（29）はプロバスケットボール選手だった。足のけがで選手生活を断念し、2011年にウクライナ軍に入隊した。次男ミキータさん（24）もバスケ選手を目指した後、兄を追うように17年に入隊した。「何でも兄のすることをまねる子どもだったんです」

ロシアが侵攻すると、2人は激戦地となったマリウポリの防衛を命じられた。一方、ネリャさんは3月16日に市内から脱出し、首都キーウの姉宅へ身を寄せた。

長男のイゴールさんは4月1日、住宅地でロシア軍の砲撃を受け死亡した。砲弾で開いた穴に住民が遺体を埋め、小枝を組んだ簡素な十字架が立てられた。

次男のミキータさんは製鉄所「アゾフスターリ」にこもり、徹底抗戦に加わった。4月29日、ネリャさんの携帯に「ここには水も食べ物もない。生きる望みはないだろう」とのメッセージが送られてきた。

5月16日午前5時38分、「ママ、僕の携帯は壊れた」というメッセージが彼の同僚兵から送られた。

5月17日、ミキータさんはロシア軍の捕虜になった。マリウポリが陥落する3日前のことだった。6月、製鉄所からの住民退避を支援した赤十字国際委員会から連絡があった。ミキータさんは、ウクライナ東部ドネツク州の親ロ派支配地域に移送された約２００人の捕虜に含まれているという。親ロ派による裁判にかけられ、死刑判決を受ける可能性もある。

ネリャさんは2人の息子を「国を守ったヒーローだ」と誇る。だが、軍隊に送ったことを後悔していないか尋ねると、「している」と声を絞り出し、目を赤くした。

イゴールさんが8年前、ロシア軍が介入した東部の紛争に向かおうとしたのを思いとどまらせ

兵士の母　ネリャ・シャストゥンさん＝2022年7月22日、細川卓撮影

マリウポリに派兵された長男イゴールさん（左）は殺害され、次男ミキータさんはロシア軍に拘束されたという＝母親のネリャさん提供

たことも明かした。「だって、私の子どもです」
アゾフスターリから戦死したまま遺体が帰らない夫や、捕虜となった息子らを持つ女性たちでつくる団体「鉄の女」に、6月に入会した。次男のミキータさんの捕虜交換を促そうと、ウクライナ政府にかけあっている。
今はミキータさんが捕虜交換で戻る可能性だけを信じ、スポーツウェアやシューズを買って帰りを待つ。身長2メートル、体重87キロあった巨体は、2カ月間のアゾフスターリでの抵抗で30キロほどやせたのではないか。そう思い、一回りほど小さいサイズを選んだ。「もう軍服は着させない」

ロシアが「兄弟国」とみなすウクライナへの侵攻は、両国の亀裂を決定的にした。分断は修復できないほど深く、人々の絆をも引き裂いている。ロシアにルーツを持ちながらウクライナで暮らす人の中には、母語のロシア語をやめ、名前も変えたという人もいた。

ウクライナの首都キーウで4月26日、高さ8メートルのブロンズ像が解体された。1980年代に造られた、2人の労働者が寄り添って立つ、ウクライナとロシアの友好を象徴する像だ。スマホを手に、クレーンでの解体作業を見守る人々からは歓声が上がった。

翌27日にも大勢の市民が跡地を見に来ていた。エンジニアのユーリさん（66）は「心境は複雑です。ロシア人の妻は（侵攻後）親族と連絡が取れなくなってしまいましたから。それでも私たちは撤去に賛成です」と話してくれた。

後に解体された、ロシアとの友好を象徴するブロンズ像＝2022年4月11日、キーウ、竹花徹朗撮影

ロシアで暮らす妻の親族からは、妻や息子（42）に「ウクライナは間違った方向に進んでいる」という趣旨のメッセージや動画が届いた。「彼らはキーウ郊外ブチャでの蛮行も認めません。路上に遺体が放置されていた映像も認めない。ＳＮＳでの関係もブロックしました。もう付き合いきれない」

ウクライナに住むロシア人にも怒りは広がる。キーウ郊外の街ブチャで41年暮らすロシア人、ヘンナディ・クリスティノフさん（63）は、侵攻が始まった2月24日以降、ロシア語を話すのをやめ、「すべて」をウクライナ語に切り替えた。自らの名前もロシア語の発音「ゲンナジー」から、ウクライナ語の発音「ヘンナディ」に変えた。

ロシア軍に約1カ月占領された後に戻った街は変わり果てていた。路上に多くの遺体が放置された映像は世界に衝撃を与えた。クリスティノフさんは「ロシアはこの街でこれだけの蛮行に手を染めておいて、『ウクライナ軍がやった』と、いったいどんな神経で言えるのか。私は身のまわりから『ロシア』を捨て去りたい」と吐き捨てた。

自身は3月5日に退避したが、それまでに路上で3人の遺体を見た。ロシア兵によるレイプや拷問が街で横行したとの報道を知り、「もう異なる人間としか考えられない」。かつてはロシア発のテレビドラマやニュース番組も楽しんでいたが、一切やめた。

ソ連軍の兵士だった父と母の間に、ジョージア（グルジア）で生まれた。ソ連崩壊後はウクライナに落ち着き、チェルノブイリ原発周辺の警備員として長く働いた。36年前に爆発事故を起こし、世界を震撼させたかつての勤務先がロシア軍に占拠されたと知り、「あきれ、憤っている」。

妻もロシア人。ロシア生まれで高等教育までモスクワで受けたが、子育ての過程でウクライナ語を習得した。前日まで「あり得ない」と思っていた侵攻に衝撃を受け、さらにウクライナ語の勉強に励んでいる。夫婦の会話もウクライナ語になった。

〝終わらない戦争〟の余波

ウクライナ軍の前線での奮闘によって、首都キーウはロシア軍の激しい攻撃からは免れた。7月に訪れると、人々は飲食や買い物など、侵攻前の暮らしを取り戻そうとしていた。ただ、平穏に見える日常には、長期に及ぶ戦争の影響が表れていた。

7月下旬の週末。午前中に2回、空襲警報が鳴った。

下町にある「ジトニー市場」では、まるで何事もなかったかのように、店員らが淡々と仕事を続けていた。この市場は、ソ連風建築の巨大な体育館のような建物の中にある。

「シェルターに逃げる決まりだけど」。声をかけたある店員はそう言いながら、「死んだら仕方ない。運が良ければ生き残る」と話し、仕事を続けた。

1階には、生肉やウクライナ特産の豚の脂身「サーロ」のほか、魚や野菜、果物など食材を扱う店が所狭しと並ぶ。2階には衣類や食器、掃除道具などの生活雑貨、水道工事の部品や用具の店まで、身の回りのものはだいたいそろう。

市場の魅力は、商品の豊富さだけではない。店員とのやりとりだ。

買い物客の姿がまばらな市場＝2022年7月28日、キーウ、細川卓撮影

「ちょっと食べてみて」。そう勧められ、桃を1切れほおばる。「じゃあ4個ちょうだい」と答えると、「こっちはどう？」と次々と勧められる。

店員と客がおしゃべりしながら、日々の雑事を忘れ、買い物の空間を楽しむのが、ずっと続いてきた市場の風景なのだという。

それがロシアの侵攻で少し変わった。

「ちょっと、高い」。ナタリア・コルジェンコーワさん(68)は、土のついたジャガイモを陳列のかごから一つ手に取った後、そのままそっと置いた。

「良い物を安く買いたいんだけどね」。ロシアの侵攻後、「市場での買い物はめっきり減った」と話す。

侵攻後、ウクライナの物価は上がり続け、直近のインフレ率は20％を超える。コルジェンコーワさんは、ロシア軍に徹底的に破壊された南東部の港湾都市マリウポリで親戚を2人失った。少ない年金から持ち出しで、北東部ハルキウから逃げてきた別の親戚ら4人の面倒をみているという。物価高は日々の生活を直撃している。

「すぐ戦争をやめて欲しいけど、もう遅い。ここまで来たら、最後まで戦わないといけない」。そう言って、右手で涙を拭った。

市場は週末、いつもごった返していたという。今はほとんど客がいない。ある店員がぼんやりとしながら、暇をもてあましていた。

「こうして、客でもない人と立ち話ができるなんて考えられなかったね」

28年前から野菜や果物を売っているイリーナ・ボブチュクさん（60）は、そう苦笑いした。遠くに住んでいても足を運んでくれる人や、3世代でひいきにしてくれる人もいた。その多くは、外国に避難したままだという。

客足が細り、広さ24平方メートルの店の敷地のレンタル料1日分を払うと、「5フリブナ（約19円）しか残らない。地下鉄にも乗れないよ」とぼやく。

店に並ぶ品物にも、変化が起きている。ボブチュクさんは「サクランボやあんず、桃なんかはマリウポリやメリトポリ周辺、スイカは南部ヘルソン周辺のものがおいしかった」と話す。いずれもロシア軍に支配された地域だ。この地域から品物はまったく来なくなり、代わりに、ウクライナが守る南部の港湾都市オデーサ周辺の産品や輸入物を並べている。

「オデーサまで占領されたら、本当にウクライナのものがなくなる」。そう言って、ため息をついた。

市場の関係者によると、ガソリン不足で食品や製品の運搬が滞ったり、品物の種類が減ったりするなどの影響も残っているという。

再起の国民たち

侵攻の爪痕は深いが、それでも希望を失わず、前を向いて再び人生を歩みだす人もいる。戦地となったウクライナで、あるカップルの結婚式を映した動画が話題を呼んでいた。新婦は地雷を踏み、両足を失った。深く傷ついた彼女だが、取材に対して将来の展望を語った。

花嫁は純白のドレスを着て、頭には白とピンクの花冠をつけていた。

新郎と固く抱き合い、ゆっくりと踊る。そこは病院の一室。2人にとってこれが結婚後、初めてのダンスだった。他の患者が見守るなか、口づけを交わした。両足の太ももから下がない花嫁を、新郎が両手でしっかりと抱き、支えていた。

フェイスブックへ5月2日に投稿された50秒の動画が、ウクライナで拡散されている。花嫁はウクライナ東部出身のオクサナ・バランディナさん（23）。1カ月前に東部ルハンスク州で、地雷とみられる爆弾を踏み、両足を失った。

夫のビクトル・バセリフさん（23）とともに、西部リビウの病院で朝日新聞などの取材に応じ、爆発当時の様子などを語った。

3月27日昼過ぎ、2人は地元リシチャンスクで、ボランティア団体からの配給を受け取りに外出した。冬の厳しい寒さは少し和らぎ、空は澄み渡っていた。

帰り道。いつも犬の散歩で使っている脇道に入った。自宅への近道だった。オクサナさんが前を歩き、その後ろをビクトルさんが続いた。

離れたところに不発弾が見えた。

「ねぇ、見て」。そう言ってオクサナさんが振り返った瞬間、大きな爆発音が響いた。オクサナさんは顔から倒れ込んだ。気づかなかったが、地面に地雷のような爆発物が仕掛けられ、それを踏んでいた。

「自分の足に穴が開いたような感覚だった」。看護師のオクサナさんは意識があったため、無傷だったビクトルさんに止血などを頼んだ。市内の病院に搬送され、4度の手術を受けた。両足の太ももから下と、左手の指4本を失ったが、一命は取り留めた。

気持ちはどん底だった。

両足を失ったオクサナさん（右）と夫のビクトルさん＝2022年5月4日、リビウ、坂本進撮影

「この姿を子どもたちには見せられない。生きていたくない」。病室で何度も泣いた。そばにはビクトルさんがいた。

2人が出会ったのは12歳のとき。隣町に住み、夏のキャンプで顔を合わせた。その後ビクトルさんの方から、未婚で一人息子を育てていたオクサナさんにアプローチし、17歳のときに一緒になった。同居し、長女が生まれた。「結婚式を挙げよう」。そう話し合っていた。長男は7歳、長女は5歳に成長した。

地元の病院で入院していたオクサナさんだったが、戦況が悪化し、数日で中部ドニプロに転院した。リハビリを始めると、思ったよりも手先を動かせることがわかった。「これだったら生きていける」。希望が見え始めた。

ドイツで義足を作るため、4月下旬に西部リビウへ移った。出国のため、書類を整えていたら、ビクトルさんからプロポーズされた。「突然で驚いた」

もともといつか結婚するつもりだったが、公式な夫婦関係になった方が治療などの手続きが簡単だった。ビクトルさんはスマホの地図アプリでリビウの宝石店を探し、急いで婚約指輪と結婚指輪を用意した。

婚姻届を出した日、役所から戻ってくると、2人にサプライズが待っていた。病院のスタッフやボランティアが、結婚式の準備をしてくれていた。手作りのウェディングケーキもあった。オクサナさんは用意されたドレスに着替えた。

2人で抱き合ってのダンス。オクサナさんは自分の足ではステップを踏めなかったが、幸せな気持ちに満たされた。「爆発以来、初めてうれしくて泣いた」。ビクトルさんの肩に顔をうずめた。ドイツで義足ができたら、地元に帰りたいと思っている。「義足を使って自分で立てるようになったら、地元の教会でもう一度、結婚式を挙げたい」。オクサナさんは夢に向け、リハビリに励んでいる。

6月、前線では両軍の激しい戦闘が続くなか、西部の都市リビウには、一見すると平和な光景が広がっていた。石畳の道を家族連れが散歩し、飲食店ではジョッキを傾ける人も。国の危機の中でも明るく過ごす背景には、市民の間で共有されている〝ある信念〟があった。

リビウの市街地では大勢の市民が外食したり、ベンチでのんびり過ごしたりしていた＝2022年6月19日、リビウ、福山亜希撮影

ポーランド国境から車で約1時間。リビウは、歴史的な街並みが世界遺産に登録されている観光都市だ。

6月に中心部のカフェを訪れると、おおかたの席は埋まっていた。ビール片手に語り合う若者。パンをほおばる老人。客層も幅広い。外国人観光客の姿はないが、その穴埋めをしているのが地元の人たちだ。

「経済を回すため、消費するのも私たちの役割。そのお金が兵士を支える。お酒や食事を楽しむことだって、戦いの一部です」

カフェの店員、ゾリアナさん（31）はきっぱりとそう語る。

前線の兵士を思って、食事を楽しむことをためらう――。そんな姿は見受けられない。

6月下旬、東部の激戦地セベロドネツクが陥落した日も、中部クレメンチュクのショッピングモールにミサイル攻撃があった日も、それは変わらなかった。

ただ、侵攻当初のリビウや周辺の様子はだいぶ違っていた。国外に逃れようとする人々は、リビウを経て、ポーランド国境に押し寄せていた。

「最初は皆、地下にこもっていた。街に人影はなかった」。友人と広場で談笑していた大学生のロマン・オルフィアさん（18）も、そう振り返る。

しかし、ウクライナ西部は比較的安全だとわかると、国外から戻る人も増えた。オルフィアさんも、勉強したりアルバイトをしたりと、普通の生活を送るよう努めている。

「地下に逃げ込むのは簡単なこと。東部が大変な状況だからこそ、西部が安全な限りは、日常活動を精いっぱい続けるのが大事だと思う」

砲撃から守るため柵で覆われた石像、犠牲者の写真が無数に飾られた壁、数日ごとに教会で開かれる兵士の葬式……。街を歩くと、リビウも戦禍にあることを思い知らされる。

突然、空襲警報が鳴ることもある。それでも、人々は冷静だ。一瞬立ち止まり、その後、何ごともなかったかのように会話を始め、歩みを進める。

リビウでは、コンサートや展覧会も開かれ、にぎわいを見せている。歌手や画家たちの創作活動の原動力は、「対ロシア」一色に染まりつつある。

「ロシアが占領する街に取り残された両親に、この歌をささげる」

リビウの小さなホールで6月19日、約60人の観客が、ジャズ歌手のマックス・タブリチェスキさん（48）に総立ちで拍手を送っていた。

3月、ロシア軍が故郷の南部ヘルソンを制圧した。破壊された街並みの映像を見て、悲しみと不安に襲われた。

「こんなときに、音楽なんて」。ギターを売ろうと思っていたある日、兵士の友人に言われた。

「なぜ自分の武器を使わないんだ。おまえの武器はギターだろう」

久しぶりに弦をはじくと、耳にこびりついていた空襲警報の音が消えた。5月下旬からチャリティーコンサートを始めた。

「明日がこないかもしれない状況になって、やるべきことに気づいた。戦争が起きても人は食べていかなきゃいけない。コンサートは社会のためでもあるし、自分のためでもある」

フランス人フォーク歌手ポール・マナンディスさん（36）も、リビウでチャリティーコンサートを開いている。6月下旬、中部クレメンチュクのショッピングモールで多数の犠牲者が出た翌日には、約100人を集めた。

自宅には、防弾チョッキがうずたかく積まれていた。1着約300ドル（約4万円）。歌手活動の収益や自身のスポンサーなどからの資金で費用を捻出し、これまでに約500着を前線の兵士に送った。

「怖くて最初は部屋から出られなかった。でも、そんな生活にストレスもたまった。自分の仕事で貢献できるのは誇りに思う」

「作品の批評を通じて、人々にもっと対話をして欲しい。おしゃべりは心の薬。困難な時こそ、語り合わなければ」

屋根の廃材などに宗教画を描くスタイルで知られるリビウ在住の画家レウコ・スコップさん（68）も、1枚40〜600ドル（約5500〜8万円）で取引される自らの作品の売り上げで防弾チョッキや双眼鏡などを購入し、軍に寄付している。

常に、反戦の立場を貫いてきた。1978年、旧ソ連がアフガニスタンに侵攻した際にも反対の声をあげた。額のバンダナの両脇から長髪をなびかせるその風貌から、ウクライナ国民からは「ヒッピー」としても親しまれている。

そんなスコップさんがロシア軍の侵攻を機に、変わった。「普通の若者が、今や前線で銃を担いでいる。ヒッピーと言われ、自由に生きていた私も、愛国者になってしまった」

いま手がける作品には、軍服を着た天使や、ウクライナの国旗を頻繁に描いている。

「人が変わるのは仕方のないこと。私はただ、人々のお守りになるような絵を描いていきたいだけです」

［この章の筆者］欧州駐在編集委員・国末憲人（前ヨーロッパ総局長）／高野裕介／国際報道部次長・疋田多揚（前パリ支局長）／ヨーロッパ総局員・金成隆一／ベルリン支局長・野島淳／国際報道部員・坂本進／ヤンゴン支局長・福山亜希

第6章

［原発］世界を震撼させた「占拠の内幕」

原発や核関連施設の周辺に兵士が銃器で攻撃を加える――。危険すぎて誰もが常識では考えられないと思っていたことが、ウクライナでは実際に起きている。ロシアの侵攻後、重大事故と隣り合わせの危うい状況に世界は震え上がった。

ウクライナ北部、ベラルーシとの国境に近いチェルノブイリ原発にロシア兵が現れたのは、侵攻初日の2月24日午後だった。

爆発事故を起こし、大量の放射性物質を大気中にまき散らしてから36年。廃炉作業中にある原発をロシア軍はいったいどうするのか。再び世界はこの原発を注視することになった。

ロシア軍はこの原発を結果的に1カ月以上も占拠し、職員らを支配下に置いた。勤務の交代もままならず、大勢の職員が過酷な労働を強いられた。

この間、ロシア兵が敷地内で火器を使って送電線が傷つき、電源が一時的に喪失した。廃炉作業中にある原発とはいえ、使用済み核燃料は多く残る。電源が失われる状態が続けば、再び事故が起きかねなかった。

ウクライナ当局によると、ロシア兵はその後も高度に汚染された地域の土を掘り返すなど、不可解な行動を繰り返した。

ロシア軍は首都キーウ周辺から撤退するのに伴い、チェルノブイリ原発からも3月末までに退却した。稼働していない原発を占拠したロシア軍の本当の狙いは何だったのかは、はっきりしない。

ただ、職員らからの証言でわかるのは、原発を占拠したロシア兵が、原発での事故が深刻な事態を引き起こすことを十分に理解しないまま、行動していた可能性があることだ。

こうしたロシア兵の行動は、ほかの原発でもうかがえる。中南部のザポリージャ原発は、ロシア軍が3月初め、占拠を狙って攻撃を加えた。チェルノブイリ原発と違って稼働中であるだけでなく、欧州最大規模の原発だ。ウクライナの電力の約2割を担ってきた。

原発敷地内に火器が飛び交う状況は、これまで考えられないことだった。ひとたび事故が起きれば、チェルノブイリ原発とは比べものにならない甚大な被害をもたらすことになる。ウクライナ側ばかりか、ロシアの領土も幅広く汚染される恐れがある。それにもかかわらず、施設周辺での攻撃は止まらない。

ザポリージャ原発は8月下旬、初めて外部電源を一時的に失った。すぐに非常用発電で電源は確保されたが、ウクライナのゼレンスキー大統領はロシア側の砲撃によるものだとして、「ロシアはウクライナと欧州を放射能災害の一歩手前の状況に追いやった」と非難した。

その後も、原発の稼働に必要な送電線など外部電源は何度も損傷。重大事故につながりかねない事態が繰り返されている。

ウクライナ東部や南部に加え、ザポリージャ原発のある周辺地域も一方的に「編入」したロシア政府は、同原発も「国有化」した。支配地域での電力供給源とする狙いのようだ。

原発周辺で起きている砲撃は「ウクライナの仕業だ」と主張し続けている。

ロシアは9月上旬、国際原子力機関（ＩＡＥＡ）の調査チームの視察を受け入れ、その後、ＩＡＥＡの専門職員がザポリージャ原発に常駐している。

その職員のいわば頭上を砲弾が飛び交っている。22年11月末現在、原子炉そのものは無事だが、施設内は広範囲に損傷し、被害が及んでいることが専門家の調査で明らかになっている。

ＩＡＥＡのグロッシ事務局長は11月20日、悲痛な声明を発表した。

「原発の重要な安全システムに影響は出ていないが、砲撃は危険なほど接近している。これは数キロではない、数メートルの話だ。砲撃を行っているのが誰であれ、大きなリスクを冒し、多くの人々の命を危険にさらしている」

ウクライナ西部にある原発に近い都市で3月、ある当局者は記者に「ロシアも原発事故の恐ろしさはわかっているはずだ。重要施設を占拠するのが目的で、原発を破壊することはないだろう」と語った。

当時は、それはそうだろうと納得した。しかし、そう思えなくなる事態が続いた。

ロシア軍は10月以降、ウクライナ各地の電力インフラ施設を集中的に攻撃している。厳しい寒さと暗い冬場の電気や暖房を途切れさせることで、戦意を失わせる狙いのようだ。意図的でなくとも、こうした施設を狙ったミサイル攻撃が原発を直撃することはないと、もはや誰も断言はできまい。

ロシアのプーチン大統領は「ロシアは最強の核大国だ」と誇示するとともに、核兵器使用の可能性をちらつかせて、ウクライナや西側諸国を脅した。

核爆弾の使用だけではなく、「いざとなれば原発すら破壊してもいいのだ」との脅しにすら聞こえる。ロシアの侵攻が終わらない限り、ウクライナのみならず、世界が人質に取られ続けているのだ。

今も終わらないウクライナの原発危機。本章では、主に、ロシア軍の占領下に置かれたチェルノブイリ、ザポリージャ両原発で何が起きたかを、職員らの証言をもとに探っていくことにする。（ベルリン支局長・野島淳）

占拠されたチェルノブイリ

36年前、未曽有の爆発事故で世界を震撼させたチェルノブイリ原発は、侵攻直後の2月24日午後、ロシア軍に占拠されることとなった。ロシア軍撤退後の4月下旬、チェルノブイリ原発周辺に記者が入ると、占拠の痕跡が残っていた。

ロシア軍は侵攻した2月24日、ベラルーシから南下し、ウクライナの首都キーウへの進軍ルートにあるチェルノブイリ原発を制圧。国際原子力機関（IAEA）がロシア軍が離れたと発表したのは3月31日だった。

1986年4月の爆発事故からちょうど36年経った2022年4月26日。記者はウクライナ内務省主催の現地視察に、地元や欧米の記者ら約80人とともに参加した。

チェルノブイリ市の南約20キロの検問所では、40人以上の兵士がライフル銃を手に警戒していた。検問を越えると大きな橋が破壊され、川に落ちていた。ウクライナ軍が、ロシア軍のさらなる侵攻を阻止するため破壊したものとみられる。報道車両は、その脇を通る簡易式の橋で川を渡った。

市内には5階建てや3階建ての集合住宅が何棟もあった。人の気配はほとんどない。窓ガラスが割れている建物もあった。

チェルノブイリ市内から原発まで約20キロの道中には森が広がり、道の脇には緑色の紙箱が5～6キロにわたって捨てられていた。ロシア軍が食べた弁当の空き箱だ。ロシア軍の車両が長い隊列を組み、休憩していたようだ。破壊され車体がひしゃげたワゴン車には、ロシア支持のシンボルである「V」の白文字が描かれていた。

人の気配はなく、首から下げた線量計の電子音だけが響き渡る。36年前に爆発事故を起こした原発4号機が見え始めると音が激しく鳴り続けた。想定していたとおりで、短時間の滞在では問題のないレベルだという。

ロシア軍の占拠中、同原発は外部電源が一時途絶え、修理と復旧が繰り返された。作業員らは約4週間、交代なしで勤務を続けた。

この日、同原発を訪れていたIAEAのグロッシ事務

4号炉を「石棺」ごと封じ込めたシェルター＝2022年4月26日、竹花徹朗撮影

局長は、占拠時の原発は「異様な状況で、非常に危険だった。安全状況は正常ではなく、事故に発展する可能性もあった」と記者団に述べた。放射線のレベルは占拠下で一時上昇したが、今は「正常」という。

ただ、3月末にロシア軍が撤退後、原発の周辺で地雷が多く見つかり、4月に入っても撤去作業が続いている。同日にチェルノブイリ市内で会見したモナスティルスキー内相は、「核汚染」だけでなく「地雷の汚染」への対処が急務だと強調した。

モナスティルスキー氏は会見の冒頭で、原発周辺の立ち入り禁止区域で最も放射線レベルが高い「赤い森」付近に落ちていたという、ロシア軍の空の食料箱の写真も示した。その隣に写っている線量計が高い数値を示しており、「許容線量の50~100倍」と指摘した。

ウクライナの国営原子力企業「エネルゴアトム」によると、赤い森では、塹壕《ざんごう》を掘っていたロシア軍兵士らが「相当量の放射線」を浴びて体調不良になったとされる。モナスティルスキー氏は「チェルノブイリに侵入したロシア軍は自分たちがやっていることの危険性も、放射能汚染についても理解していなかった」と批判した。

地元消防署の幹部セルゲイ・ストレンチェンコさんは、占拠当時の状況を記者団に証言した。ロシア軍は当初、同消防署から全ての車両を奪おうとしたが、署が「それらを奪われると、仮にロシア軍の要請があっても消火できなくなる」と説明すると、1台を奪って去った。署には複数のロシア部隊が訪れたが、放射能の危険性を知らない様子で、線量計を持参していない兵士もいたという。

職員が明かす「地獄の36日間」

ロシア軍による占拠時、緊張が高まっていたチェルノブイリ原発。解放までの36日間、そこでは一体何が起きていたのか——。取材に応じた3人の職員は、「電源喪失」という最大のピンチや、若いロシア兵たちの信じられない「暴走」についても証言した。

白黒の監視カメラ映像に、黒い制服姿の男たちが映し出された。ウクライナ北部のチェルノブイリ原発に、ロシア兵が入った瞬間だった。

2月24日、午後3時45分ごろ。原発の警備室でモニターを見つめていたリュドミラ・コザクさん(45)は覚悟を固めた。

「『ゲスト』がフェンスを乗り越え、ゲートを破壊して入ってきた。しばらく自宅には帰れないだろうと悟りました」

チェルノブイリ原発職員のリュドミラ・コザクさん＝2022年7月7日、ウクライナ・スラブチチ、細川卓撮影

侵攻初日にやってきたのは、黒い制服を着たロシア軍の特殊部隊だった。やがてトラックや戦車に箱詰めの兵器を積み、数百人のロシア兵が乗り込んできた。彼らは原発職員に対し、ロシア兵のことを「ゲスト」と呼ぶよう求めた。

ロシア軍侵入の一報は、警備室から、上司を通じて原発に常駐する170人超のウクライナ兵（国家警備隊）に伝えられた。だが、抵抗の余地はなかった。撃ち合いをしてはならない場所であることは、誰もが分かっていた。

やがて、原発施設内にアナウンスが流れた。「原発は占拠されました」「職員はロシア軍の指示に従うように」

コザクさんは振り返る。「混乱状態でした。何をすればよいのか誰にも分からなかった。災害時のマニュアルはあっても、侵攻への備えなんてなかったですから」

ロシア軍が占拠した原発で、職員たちは業務を続けるよう命じられた。

当時、警備室ではコザクさんを含めて4人が働いていた。1人が2時間寝ては、6時間働く――。ロシア兵の監視下で、夜通しの交代勤務が延々と続いた。ウクライナ語を話すことは禁じられた。

机とプリンターで即席のベッドをつくり、交代で睡眠を取った。寒さのため床で眠るのは不可能だった。部屋から出ることが許されたのは、食事とシャワーのため1日3回だけ。終わりがみえない占拠生活が続くなか、食料を節約しようと、1日3回だった食事の回数は途中から2回に減った。

外部との連絡も途切れがちとなった。占拠から数日、携帯電話の電波が途切れた。残されたのは、施設内の有線電話のみ。ロシア兵には「内線電話だ」とうそをつき、隠れて家族らとの連絡に使った。

なぜチェルノブイリ原発を占拠したのか――。

コザクさんがロシア兵に問うと、「研究のため」という答えが返ってきた。「攻撃するつもりはない。原発のことを研究しているだけだ」と。

実際、ロシア兵に交じって、ロシアの国営原子力企業「ロスアトム」職員を名乗る20人ほどの男性の姿もあったという。ノートパソコンを持ち込み、何らかのデータをダウンロードしているようだった、とコザクさんは証言する。

だが実際には、原発施設は戦闘を続けるロシア兵たちの「休憩所」としての機能を果たしていた。首都キーウ方面での戦闘から兵士たちが戻ってきては、食事やシャワーをして2～3日の休養を取っていたという。

一方で、ロシアによるプロパガンダの様子も目撃された。兵士たちは、原発の倉庫から作業員の制服を盗むと、「撮影」を始めた。一部のロシア兵が制服に着替えてウクライナ人作業員に扮し、親切なロシア兵から食料の提供などを受ける様子を演じ、動画に収めていた。

ロシア兵は、実際にウクライナ人作業員たちに「人道支援物資」として食料などを提供しようとした時もあったが、職員らは受け取りを拒否した。

電源喪失、とっさの「賭け」で危機回避

3月9日、ウクライナの電力会社ウクルエネルゴは「チェルノブイリ原発への電力供給が途絶えている」と明らかにした。いわゆる「電源喪失」。ロシア軍が複数の送電線を爆撃したことが原因とみられた。

原発にとって、電源喪失は深刻な事態だ。2011年3月、東京電力福島第一原発で炉心溶融（メルトダウン）が起きたのは、電源喪失によって冷却機能が失われたことが原因だった。

チェルノブイリ原発の場合、事故から30年以上が経ち、電気に頼らなくても水だけで使用済み核燃料を冷却できる状態にはあったとみられている。

とはいえ、電源喪失によって原発内は緊張に包まれた。「あの時は、大きな危険を感じた」と

コザクさんは振り返る。ディーゼル発電機の燃料は48時間分しか備蓄されていなかった。それまでに電気が復旧しなければ、本当に原発は電源を失う。

ロシア軍側との窓口役を務めていた警備室のコザクさんら4人は、「賭け」に出た。

「燃料はあと6時間分しかない。ディーゼル発電が止まれば、爆発して全員死んでしまう」

そうロシア兵に伝えたのだという。半信半疑だったロシア兵は、原発の所長のところへ確認に向かった。4人はすぐさま、先回りして所長に電話をして口裏を合わせた。所長から「そのとおりだ」と言われたロシア兵は、事態の深刻さに恐怖を抱いたようだった。

慌てたロシア軍は、自らの軍用車両から燃料を取り出し、原発施設のディーゼル発電機に補給。さらにベラルーシ南東部の拠点ゴメリからも燃料を運び入れたという。

ロシア軍が対応を取ったことにより、燃料は5日半にわたり持ちこたえた。その間にベラルーシからの外部電源が接続され、原発は危機を脱することができた。

「石棺」近くで砲弾発射、「赤い森」掘り返す

原発に危機をもたらしたのは電源喪失だけではなかった。若いロシア兵の「暴走」も大きな危険要素だった。原発を占拠したロシア兵は、施設内のあらゆる建物に入ろうとした。だが原発施設の中には、原子炉や放射性廃棄物の保管場所など危険なエリアが数多く存在した。

「将校クラスは危険を理解してくれた。問題は若い兵士たちだった」とコザクさんは言う。

警備室のコザクさんらは、監視カメラでロシア兵の動きを見張った。ロシア兵が危険エリアに近づけば、ロシア軍将校に伝えて止めてもらった。

だがその「秩序」は、時間の経過とともに徐々に崩壊していった。キーウ攻防での苦戦が長引くにつれ、原発施設に戻ったロシア兵たちの態度は荒れていった。特に夜間は酒を飲んで酔っ払い、手が付けられなかった。職員から入構パスを奪って危険エリアに入ろうとした。「入れば爆発するぞ」との脅しの言葉も、やがて効かなくなった。「彼らはドラッグ（薬物）を使ったような目になっていった。狂ったようだった」とコザクさんは言う。

線量の高い「赤い森」の道路近くに立てられた標識＝2022年4月26日、チェルノブイリ原発、竹花徹朗撮影

原発内の医務室に勤務していたビタリー・ハルチェンコさん（58）も、ロシア兵の暴走に肝を冷やした一人だった。医務室の窓からは、敷地内に並んだロシア軍の戦車などが見渡せた。ある夜、ハルチェンコさんは窓の外の光景に目を疑った。1台の戦車が敷地内で、20発以上の砲弾を発射していたという。

砲身の方向、400メートルほど先には、かつて大事故を起こし、「石棺」で封じ込められた原子炉があった。

「彼らはここがどこなのか、本当に理解していなかった。一つの砲弾が惨劇を引き起こす場所なのだということを」

立ち入り禁止区域で最も放射線レベルが高い「赤い森」にも、ロシア兵は立ち入り始めた。塹《ざん》壕《ごう》を掘ったり、砂袋に土をつめて土嚢《どのう》を作ったり。汚染された枝を燃やして調理を始めるロシア兵までいたという。

若いロシア兵は「ナチスはどこに隠れているんだ」と口にしていたという。「彼らは森の中で、秘密の研究所でも探していたのだろうか」とハルチェンコさんは言った。

「赤い森」の土を掘り返したことで、原発敷地内の放射線量は平時を大きく超えた。兵士たちは相当量の放射線を浴びたとみられている。


ロシア軍撤退、ウクライナ兵169人を連行

3月20日。ロシア軍による占拠から1カ月弱が経っていた。

この日、初めて一部職員の解放が認められた。原発施設の管理に不可欠な60人ほどの職員を残すことが条件だった。

疲弊した職員をできるだけ解放するため、このタイミングで交代要員として原発に入った職員もいた。「ロシア軍の占領下に自ら入った彼らは、ヒーローだった」とコザクさんは感謝の思いを語る。

それから11日後の3月31日、ロシア軍がキーウ周辺から撤退するのに合わせ、チェルノブイリ原発も完全に解放された。軍事侵攻による原発占拠は、36日間で幕を閉じた。

しかし、解放されなかった人たちもいた。原発の警備のために駐在していたウクライナ兵だ。170人以上の兵士はロシア軍の占拠後すぐ、地下シェルターに監禁されていた。

医務室で原発職員の健康診断を続けたリュドミラ・ミハイレンコさん（45）は、監禁中の兵士たちと交流した数少ない一人だった。監禁から2週間が経ち、健康診断が許された兵士に連日、向き合った。

「彼らは意気消沈していました。本来の任務である原発を守る責任を果たせなかった罪悪感と、監禁による疲労が強くみられました」

多くは30代以下の若者たち。ミハイレンコさんは元気づけようと励ましたが、兵士らは言葉少なだったという。

3月末に撤退した際、ロシア軍は監禁したウクライナ兵のうち、女性やけが人など数人を解放した。だが残りの169人は、ロシアやベラルーシに連行された。彼らは今も釈放されていない。

6月15日。コザクさんは、チェルノブイリ原発での業務に復帰した。

ロシア軍の占領下で過ごした同じ警備室での日々。軍服姿のウクライナ兵を見ると、当時の記憶がよみがえる。過酷な日々を終え、退職を選んだ同僚も少なくなかった。だがコザクさんは、「ほかに誰が原発を守るのか」と職にとどまった。

コザクさんの父は、「リクビダートル（事故処理作業者）」の一人だった。1986年の事故後、チェルノブイリ原発で事故処理にあたった人たちのことだ。父は心不全のため、45歳の若さでこの世を去った。親子2代で原発を支える人生を送っている。

ロシア軍による占領を乗り越え、得られた教訓はあるのだろうか――。そう尋ねると、コザクさんは「相手とコミュニケーションを取ること。争わないこと」と言った。

「敵が侵入してきても、交渉をして共通認識を探る。それしか、私たちには道がなかった。原発は簡単にスイッチを切って放置できるものではないのですから」

取材の最後に、コザクさんはこうも付け足した。

「幸いにもチェルノブイリ原発に来たロシア兵は、そこまで無謀な行為はしなかった。だが、（ウクライナ中南部の）ザポリージャ原発の状況は、はるかに危険になっている。今もザポリージャ原発がロシア軍に支配され、職員が苦境のなかで働いていることを世界は忘れないで欲しい」

ザポリージャの危機

ロシア軍がチェルノブイリ原発から撤退した後も、欧州最大の出力を誇るウクライナ中南部のザポリージャ原発では、ロシア軍による砲撃が断続的に行われていた。砲撃によって火災や停電も生じ、外部からの電源供給が繰り返し途絶えるなど危険な状況にあった。現地を離れた4人の職員が取材に応じ、占領下の実態を語った。

真っ暗な空に、赤い閃光《せんこう》が次々と流れていった。乾いた射撃音と、何かが「ヒュー」と飛んでいく音が聞こえた。

ロシアがウクライナに侵攻して間もない3月4日、欧州最大級のザポリージャ原子力発電所があるウクライナ中南部の都市エネルホダル。原発職員で、機材の修理などを担当するオレクシーさん（39）は、集合住宅7階の自室から、そんな光景を目にした。

「原発に1発でも直撃すれば破滅だ。放射能の不安で窓を塞ぎ、棚にあったヨウ素剤を取り出した」

この日、ロシア軍は原発を攻撃。占拠した。原発が占拠された当初、職員はロシア軍への嫌悪

ザポリージャ原発＝2022年11月24日、ロイター／アフロ

を隠さなかった。電気部門で働くドミトロさん（46）はある日、社員が使う食堂で20～40代くらいの7、8人のロシア兵と居合わせた。「さっさと出ていけ！」「お前たちは歓迎されていない」。100人はいた職員の一部がロシア兵に詰め寄った。兵士がシャワーを浴びている最中に熱湯しか出ないように細工したり、脱いだ軍服をはさみで切ったりした。

ただ、こうした挑発でロシア兵が暴走し、原発や職員が危険にさらされるかもしれない。上司らはそう懸念し、職員にロシア兵とかかわらないよう忠告した。

ロシア軍の締め付けは、日に日に厳しくなっていった。

入り口では武装した兵士がスマートフォンなどカメラ付きの携帯電話の持ち込みを禁じた。自分たちの写真や位置情報がウクライナ軍に提供されるのを防ぐためだったとみられる。携帯を取り上げられる人もいて、職員は家に置いてくるようになった。

怪しまれれば、服を脱がされた。不機嫌な兵士が、理由もなく職員のＩＤカードを折ることもあった。

「ナチストを捜している。やつらから原発を守るためにここに来た」。そう口にする兵士もいたという。

一方、勤務時間の変更などはあったものの、現場レベルではロシア兵が日々の業務や技術面に口を挟むことはなかった。ロシアの国営原子力企業「ロスアトム」の職員も現地に派遣されてきたが、喫煙所で遭遇する程度で、特段のやりとりはなかった。

ただ、メンテナンスや装備品の調達には、いちいち上司を通してロシア側の許可を取る必要があった。職員らは作業の遅れを心配した。

「例えば、水の配管の修理や清掃が遅れる。これが続くと、原子炉の冷却に影響を及ぼしかねない。原発の安全を誰も保障できなくなっていると、すべての職員がわかっていました」

オレクシーさんはそう説明した。

会計などを担当する事務職の女性（56）は、ロシア側の「役者」が作業員の制服を着て撮影に臨んでいるのを見かけた。

ロシア側がネットで流す「ニュース」には、ザポリージャ原発の建物のロビーが映っていた。だが、他の部屋は、約20年ここで働く女性が見たことのない場所ばかりだった。

「ニュース」では、ザポリージャ原発に化学兵器の研究所があるように伝えていたという。女性は、「化学兵器をつくるウクライナの恐怖」を演出するためのプロパガンダ映像が作られていたとみている。

ウクライナの国営原子力企業「エネルゴアトム」は7月、ロシア軍が原発の1号機内に少なくとも14両の軍用車両を運び込んだと公表した。機材の溶接や使用済み核燃料の管理にかかわっていた男性職員（48）は、タービンが入った建屋に軍用車両が並ぶのを目撃した。

「エレベーターを出たら、車両に付いた銃身がこちらに向けられていた。とんでもないことをしていると、恐ろしくなった」

弾薬を積んだ車に引火し、原子炉にも近いこの場所で爆発すれば取り返しのつかない事態になる。ロシア軍はその後、職員の立ち入りを禁じた。

8月以降は原発への攻撃が相次ぐようになった。ウクライナとロシアの双方が、相手の砲撃によるものだと非難している。

「自作自演だ」。男性職員はそう言い、記者のノートに見取り図を描き、説明し始めた。

ロシア軍は原発のすぐそばから砲弾を発射。一瞬で原発の敷地内に着弾した。その後、ドニプロ川を挟んだ、ウクライナ側の街に向けて攻撃した。つまり、ウクライナ軍に「攻撃」されたと見せかけ、対岸に撃ち込むのはその「反撃」というシナリオだと、男性は考えている。

「普通に考えればロシアも『レッドライン』は超えない。でも、それを誰が断言できるというのか。もう一つのチェルノブイリやフクシマになってしまう」。男性は、そう言って危機感を募らせる。

ザポリージャ原発では、職員の拘束も相次いでいる。この48歳の男性職員は拘束こそされなかったが、「拷問」をちらつかせた尋問を受けた。7月、市民の志願兵で組織される「領土防衛軍」のメンバーであるかや、武器の隠し場所について尋問を受けた。正直に、「知らない」と答えた。「地下室に入ったら思い出すだろう」。暗に拷問を示唆され、「もうここにはいられない」と思った。連行され、そのまま行方がわからなくなった人もいる。「次は自分かもしれない」。男性職員はそんな恐怖から、原発からの退避を決めた。

ロシアのプーチン大統領は10月5日、ザポリージャ原発の「国有化」を命じる大統領令に署名。職員は、ロスアトムとの雇用契約を強要されているとされる。

オレクシーさんによると、今も現地に残る職員の多くは、ロスアトムに迫られて交わす契約を母国に対する「裏切り行為」だと考えている。

「家族の安全はおまえ次第だ」。ロシア側はこうした脅しの文言を使い、職員に圧力をかけているという。

ウクライナに侵攻したロシア軍が原発や核関連施設を攻撃・占拠したことは、まだ攻撃されていない原発の近くに住む市民にも強い衝撃を与えた。いつ攻撃されるかわからない危険を感じつつ、大勢の人たちが地元に残って暮らしている。

豊かな黒土に恵まれ、欧州の穀倉地として知られるウクライナ。西部にある人口約3万4千人ほどのスタルコスティアンティニフも、農場に囲まれた穏やかな町だ。

町から北西に約80キロ離れたところに「フメリニツキー原発」がある。もしロシア軍が近くまで攻めてきた場合、住民たちはどうするのだろうか。

「両親も祖父母も暮らした土地だ。ロシア軍が来ても譲らない。どこにも行かない」。買い物帰りのナディア・ズムルコさん（62）はそう話した。

「原発の危険性はわかっている」とナディアさんは言う。親族は旧ソ連のチェルノブイリ原発の近くの町プリピャチで暮らしていたが、同原発の1986年の事故後、退避した。

フメリニツキー原発がロシア軍に攻撃され、もし事故が起きれば「ウクライナだけでなく、欧州、世界全体に影響する大問題になるだろう」。

ウクライナには4カ所に計15基の稼働する原発がある。点検などで停止中のものを除き、フメリニツキー原発を含めた7基が稼働している。

ロシア軍は、侵攻初日の2月24日にチェルノブイリ原発を占拠。86年の事故で汚染された土壌を掘り返した後、3月末に撤退した。

だが、ロシア軍は3月4日に中南部にある欧州最大級のザポリージャ原発を占拠した後、今も管理し続けている。ロシア軍は同原発で火器を使用し、北東部ハルキウでは核関連施設も攻撃した。万が一、これらの施設で事故が起きれば、広範囲で放射能汚染を引き起こしかねない。

フメリニツキー原発は人口約3万6千人の町ネティシンにある。中心部は、原発から3キロほどしか離れていない。商店で買い物する人やカフェに集う人がいて、広場は家族連れやカップルらが行き交う。

戦時下とは思えないのどかな雰囲気だったが、娘（8）、息子（5）らと広場に遊びに来ていたニーナさん（37）は「チェルノブイリが占拠されたと聞いたときは、パニックになった。もし生まれ育ったこの町も狙われたらと思うと怖い」と漏らした。

ニーナさんの友人の女性の多くは、夫が出稼ぎで働くポーランドに逃げたという。ニーナさんも誘われたが、断った。夫は貿易業を営み、自分も手伝う。乳製品を除き、生活物資も不足していない。「今までの日常生活が続いているから、簡単には離れられない」というのが残る理由だ。それでも、戦況はいつもニュースで確認しているという。「ロシアの攻撃が迫ってきたとわかれば、すぐ逃げると思う」と語った。

侵攻開始から被害を免れていたフメリニツキー近郊でも3月末、工業施設にミサイル攻撃があった。攻撃の翌日、フメリニツキーのオレクサンドル・シムチシン市長（41）が取材に応じ、防弾チョッキやヘルメットなどが山積みになった市長室で「この辺りも戦争の後背地とは言えない」と厳しい表情で語った。市中心部は原発からは南に約100キロ離れている。とはいえ、ひとたび原発で事故が起きれば安全とは言い切れない。

シムチシン氏は「なぜロシア軍が原発を攻撃しようと思うのか、理解できない。ウクライナ人にとってはショックだ。原発事故を経験した日本人は、なおさら私たちの心情を理解してくれるはずだ」と話した。

［この章の筆者］野島淳／アメリカ総局員・高野遼／イスタンブール支局長・高野裕介／ヨーロッパ総局員・金成隆一

をめぐる主な出来事

6〜7日	ザポリージャ原発の使用済み核燃料の保管庫の近くに攻撃
11日	国連安全保障理事会がザポリージャ原発をめぐって緊急会合を開く
13日	ザポリージャ原発が再び攻撃を受ける。ウクライナ側、ロシア側がともに相手側の攻撃と主張
25日	ザポリージャ原発で、外部からの電力供給が初めて一時的に途絶える。原発近くでの火災が原因で、非常用の発電機で電源が確保される
27日	エネルゴアトムは、ザポリージャ原発の敷地がロシア軍に繰り返し砲撃されたとSNSに投稿。「放射性物質が飛散するリスクもある」と訴える
30日	ザポリージャ原発を調べるIAEAの調査団がキーウに到着。グロッシ事務局長らがゼレンスキー大統領と会談
9月1日	IAEAの調査団がザポリージャ原発に到着
3日	IAEAはザポリージャ原発の主要な外部電源との接続がすべて失われたと発表。予備送電線は機能
6日	IAEAがザポリージャ原発について国連安保理に報告。核燃料保管施設などが砲撃で損傷したとし、軍事活動が続けば「放射能による受け入れがたい結果をもたらしうる」と警告
11日	エネルゴアトムはザポリージャ原発が「完全に停止している」とSNSなどで発表
10月3日	IAEAのグロッシ事務局長は、ザポリージャ原発の所長がロシア側に拘束されて一時、所在不明になったが、解放されて家族のもとに無事に戻ったとSNSで明らかに
5日	プーチン氏が、ロシア政府にザポリージャ原発の国有化を命じる大統領令に署名

ウクライナ侵攻と核関連施設

2022年

2月24日 ロシア軍がウクライナに侵攻、北部にある旧ソ連のチェルノブイリ原発を掌握

3月 4日 ロシア軍が中南部にある欧州最大級のザポリージャ原発を占拠。同原発への砲撃により、訓練棟で火災が発生

5日 ウクライナのゼレンスキー大統領が、ロシア軍が同国南部にある南ウクライナ原発に進軍していると述べる

6日 北東部ハルキウで、核物質を扱う物理技術研究所の敷地にミサイルが着弾

9日 チェルノブイリ原発で送電線が損傷し、外部電源の供給が一時途絶える

14日 ロシア軍がザポリージャ原発の敷地内で弾薬を爆発させた、とウクライナの国営原子力企業「エネルゴアトム」が主張

26日 チェルノブイリ原発の職員らが住む北部の都市スラブチチをロシア軍が制圧

27日 ウクライナのベレシュチュク副首相が、ロシア軍がチェルノブイリ原発の周辺で大量の弾薬を輸送・保管しており、爆発の危険があると発表

31日 国際原子力機関(IAEA)が、ロシア軍が占拠していたチェルノブイリ原発の管理がウクライナ側の作業員らに引き渡されたと発表

エネルゴアトムが、ロシア軍がチェルノブイリ原発周辺の放射線レベルが高い「赤い森」といわれる区域で塹壕(ざんごう)を掘り、被曝していたと主張。ロシア軍がスラブチチから撤退するとも発表

4月26日 IAEAのグロッシ事務局長がチェルノブイリ原発を訪問

5月11日 IAEA、チェルノブイリ原発の核物質監視システムからのデータ受信が完全復活と発表

8月 5日 ロシア軍の支配下にあるウクライナ南部ザポリージャ原発への攻撃があり、設備の一部が壊れる。ウクライナとロシアの双方が相手側に責任があると非難

第7章

［ロシア］

欧米から見えない「もう一つの世界」

「北大西洋条約機構（ＮＡＴＯ）の東方拡大により、我が国を取り巻く状況は年々悪化している。ロシアにのみ希望を託す（ウクライナ東部の）数百万人の集団殺害という悪夢を直ちに止めなければならなかった。我々の行動は脅威に対する自衛だ。みなさんの支持と、祖国への愛が与える無敵の強さを信じている」

２０２２年２月24日午前６時ごろ、同僚の電話に起こされ、慌ててテレビの電源を入れた。画面の中のプーチン大統領が深刻な表情でこちらを見つめ、ウクライナへの侵攻を宣言していた。

「本当に始まったのか」。心臓の鼓動が一気に高まるのを感じた。

ただ、外に出ると、道路には多くの車が走り、愛犬と幸せそうに散歩する人とすれ違った。モスクワの風景は前日までと何も変わらなかった。

「本当にロシアがウクライナを攻撃しているのか」。そんな疑問がしばしば頭をよぎったほどだ。多くのロシア人も同じ思いだったに違いない。

前年からロシアがウクライナ国境に大規模な兵力を集中させていた。欧米はロシア軍への警戒を強め、ウクライナに侵攻した場合は強力な制裁措置を科す、と警告していた。

だが、プーチン政権は批判を一蹴し、ロシアを陥れるいつもの欧米の企てだと反論した。ロシア国民の多くも、ＮＡＴＯからの差し迫った脅威など感じていなかったはずだ。モスクワの道路を走る車は圧倒的に外国製で、しかもメルセデス・ベンツやBMWなどドイツ製が多い。映画館やテレビでは米ハリウッドの映画が大人気。ビザを取得して気軽に欧米への旅行も楽しんでいた。

ところが突然、戦争が始まった。

戸惑う国民に、プーチン政権がメディアと一体になって浴びせたのが、冒頭の演説のようなプロパガンダの洪水だ。「パラレルワールド」のように欧米や日本の報道とは違う戦争を描く。ウクライナのゼレンスキー政権を「ネオナチ」や「民族主義者」と決めつけ、侵攻は、東部ドネツク州やルハンスク州の住民を守るためなどと主張した。

まともな証拠も示さず、ウクライナが欧米の武器供給を受けてロシアを攻撃する計画があったと断言し、核兵器や化学兵器、さらには新型コロナウイルスなども研究・開発している、といった荒唐無稽な訴えも続けている。

ロシア国営テレビは開戦当初、平穏な首都キーウの街並みや、東部の住宅地を狙ったウクライナ側の攻撃だとする映像を映すだけで、侵攻の実態は伝えなかった。

その後、南東部マリウポリなど破壊された街の姿を映すようにはなったが、攻撃したのは「ウクライナ側だ」と主張する。キーウ近郊ブチャで多くの市民の遺体が見つかった際などに出たロシア批判に対しては、「ストップ・フェイク」の対抗キャンペーンを始めた。

侵攻開始直後は全国規模で反戦デモが起こり、多くの人が参加した。だが、プーチン政権は「フェイクニュース法」などをつくって侵攻への批判を封じ込めた。反戦運動の勢いは次第に失われた。国外には数十万人が脱出したとみられる。

一方で、資源大国の底力を見せつけた。侵攻後、ロシアの対外資産を凍結するなど欧米が厳しい制裁を科し、1千社以上の外国企業が営業停止やロシア市場からの撤退を決めた。当初は銀行に行列ができ、食品の買い占め騒ぎなども起こった。

だが、国内外の専門家の予想を裏切り、その後は落ち着きを取り戻し、生活は大きくは変わっていない。

スーパーには肉や野菜など食料品は豊富に並び、人気のレストランやカフェもにぎわっている。マクドナルドやスターバックスは事業をロシア企業に売却し、代わりのブランドで営業している。外国のクレジットカードは使えなくなったが、ロシアで発行されたカードなら問題なく使える。

14年にウクライナ南部クリミア半島を一方的に併合した後、ロシアは欧米の制裁に対抗するため、特に食品分野で国内生産へのシフトを進めた。ロシア独自のカード決済システムも整備していた。

ただ、エアバッグがない自動車が発売されるなど、欧米や日本がリードする高度な部品の入手は難しくなった。ハイテク製品に欠かせない半導体の輸入もほぼストップし、兵器生産にも影響が出ているとされる。

欧州向けの天然ガスや石油の輸出が大幅に減り、中国やインド向けを伸ばしているものの、外貨収入も減少傾向にある。生活水準や経済は、緩やかに下降していく可能性が高い。

当初、ロシアは短期決戦でキーウなどを掌握し、ウクライナに親ロシアの傀儡《かいらい》政権を樹立する考えだった。

だが、ウクライナ軍の激しい抵抗を受けていったんは占領した地域を奪還され、東部や南部では苦戦が続いた。９月には、国民に不人気な予備役兵の動員に踏みきり、一部しか占領していないウクライナ４州の併合に踏み切った。４州では戒厳令も導入。その他の地域でも戦時体制に向けた準備を進め、長期戦の構えを強めている。

対外的に強硬姿勢を貫くロシアの国内では何が起き、人々はどのような生活を送っているのか。本章では、人々が触れているプロパガンダの実態から、戦争をよそに人生を楽しむ市井の人たちの姿まで、さまざまなロシアの姿を報告する。（ヨーロッパ総局員・中川仁樹）

制裁下のモスクワ「まったく困らない」

ウクライナ侵攻により欧米や日本から厳しい制裁を科されているロシア。だが6月、モスクワの街を歩くと、一見、戦争や経済制裁の影響をみじんも感じさせない光景が広がっていた。まるで「戦争を見たくない」と願っているかのように、ようやく訪れた夏を人々が楽しんでいる。そんなモスクワの1日をたどった。

通りに面したカフェは窓が大きく開き、客が腰掛けていた。オムレツやパンなどの朝食を頬ばりながら、友人らとのおしゃべりを楽しんでいる。

6月下旬の週末。朝からモスクワの人気スポット「パトリアルシエ・プルディ」を訪れると、いくつものカフェやレストランで、こんな光景が広がっていた。モデルのような派手な服を着た人や、犬を連れた人もいる。

古いアパートが並ぶこのエリアが生まれ変わる先駆けとなったのが、イタリア人シェフがつくったレストラン「ウィリアムス」だ。天井から床まで広がる窓を全開にし、開放的でくつろいだ雰囲気。ソムリエのエカテリーナさん（30）によると、2月のウクライナ侵攻開始後の大きな変化は、ロシア産ワインへの注目が高まったこと。「モスクワの近くにもワイナリーがあるんですよ。こんな事態にならなければ、知らなかったですね」

2011年にオープンすると、すぐに行列ができる人気店になった。周囲にはおしゃれなカフェやレストランが次々に生まれ、わずか10年余りで、モスクワで最もおしゃれなエリアとなった。

それはウクライナへの侵攻が始まってからも変わっていない。ウクライナでは激しい戦闘が続き、多くの市民が犠牲になっている。破壊され尽くした町も少なくない。

だが、侵攻している側の首都は、一見すると、戦争のかけらも見当たらない。プーチン政権はここ数年、反体制派の締め付けを強め、いまや国内に対抗する勢力は残っていない。

今回の侵攻に対しては、当初は国内各地で反戦デモが行われた。だが、若者らが次々と拘束され、反戦の動きは急速にしぼんだ。多くの人は政府への抵抗を諦め、戦争を見ずに今を楽しもうとしているようにも映る。

金曜日の夕方、市内のゴーリキー公園に向かった。午後6時を過ぎて暑さが和らいだこともあり、続々と人が訪れていた。噴水のある池でくつろいだり、卓球やビーチバレー、電動キックボードを楽しんだり。モスクワ川には遊覧船が頻繁に行き来し、船上パーティーの大音量の音楽も聞こえてくる。川沿いでは、ダンスを楽しむ人もいた。

公園によく来るというマリーナさん（18）は「ここではいろいろなことを楽しめる。気分転換

週末の夕方、公園で開かれたダンス教室で踊る人たち＝2022年7月3日、モスクワ、中川仁樹撮影

になります」。友人のアミーナさん（15）は「私は花や植物など自然を楽しんでいます。公園の雰囲気がとても気持ちいいんです」と笑顔で話した。

２人が口をそろえたのは、２月のウクライナ侵攻後も生活はまったく変わっていないということだ。その理由は街を歩けばすぐにわかる。

欧米や日本の厳しい制裁の影響で、衣料品のユニクロやＺＡＲＡ、飲食店ではマクドナルドやスターバックスがロシア事業の休止や撤退を決めた。だが、ショッピングモールでは、ギャップやティンバーランド、スワロフスキーなどの商品は問題なく買える。ケンタッキーフライドチキンやバーガーキングも営業を続け、マクドナルドは後継のロシアチェーンが事業を再開した。

ある外国ブランドの店員は「秋のコレクションも近く入荷する」。別のブランドの店員も「閉店は計画していない。ぜひ、次は買いに来てね」と笑った。

コーヒーチェーンも低価格帯から高価格帯までさまざまな国内チェーンがあるので、スタバが撤退しても困らない。モスクワの30代の女性は「スタバの味はおいしくなかった。もっといい店がたくさんあるので、何も困らない」という。

午後9時過ぎになっても公園の人波が途切れることはなかった。近くに屋外の「夏の映画館」があると聞いて、のぞいてみた。芝生広場のような場所に簡易スクリーンがあるのかと想像していたが、木製のイスや階段が整備され、屋根がないだけで、きちんとした常設の映画館だった。客のアデリーナさん(25)は屋外映画館の魅力を、「雰囲気、空気ですね。自分の世界にいても、外の世界が隣にあるように感じます」と話す。それは、今の気持ちも反映しているのかもしれない。「毎年、2月と10月に夫婦で旅行していました。今年の10月はイタリアに行きたいのですが、ビザが出る見通しがありません」

友人と見に来たユーラさん(33)に、侵攻後に生活に変化があったか聞くと、「モノという面ではまったく問題はありません。でも、感情という面では『ノー』(変化した)です」と侵攻に対する複雑な感情をのぞかせた。

“もの言えぬ国”で広がる諦めと分断

侵攻を始めた当初、ロシア国内でも反戦を唱える声が目立っていたが、厳しい弾圧の末に鳴りを潜めていく。諦めとともに、ロシアからは多くの若者たちが離れていった。なぜ、母国を去る決断をしたのか。4月、トルコの最大都市イスタンブールに身を寄せるロシア人に胸の内を聞いた。

地中海から黒海へとつながる海運の要衝ボスポラス海峡を望む商業施設。ここにあるカフェで、モスクワから来た広告業のインナさん（31）に会った。「いつ来てもイスタンブールは素敵です。でも、今回は今までとは状況が違う。これから私はどうなるのでしょうか」。不安げな表情を浮かべた。

インナさんがトルコに入国したのは3月21日。モスクワの空港を出る際、フェイスブックやインスタグラムなどのSNSアプリをすべて削除した。反政府的な書き込みが見つかると出国できなくなるとのうわさが広まっていたからだ。モスクワを飛び立ったトルコ航空機はほぼ満席だった。

2月24日にロシアがウクライナに侵攻すると、頭が混乱した。「なぜウクライナを攻める必要があるの？」。まったく理解できなかった。現場から伝えられる悲惨な写真や動画にもショックを受け、10日ほどは何も手につかなくなった。

外国のサーバー経由でネットに接続する「VPN」を使い、ロシア国内では接続が制限される

SNSや西側メディアのニュースを見ていたインナさん。このままではロシアに制裁が科されて経済は破壊され、若者の将来がなくなると直感した。外国企業を相手にしていた自分の仕事もすぐになくなるだろう。

さらにインナさんを不安にさせたのが、自由にモノを言えぬ雰囲気だった。ウクライナで起こしたのは「戦争」ではなく「特別軍事作戦」。ロシア軍兵士の士気が低いなどと口にすれば、自分の身に何が起こるかわからない。友人の記者は家宅捜索を受け、パソコンなどを押収された。「政権に批判的なことをすればいつ警察が来るかわからない。ロシアで暮らすことが恐怖でしかなくなった」とおびえた。

政府による締め付けは今に始まったことではなかった。独立系メディアは弾圧され、反体制派は拘束されてきた。「もうロシアには言論の自由も、法律もなくなってしまった」。これまで欧州への移住を考えたことはあるが、「特殊な技能もない私のような普通の人には簡単ではありませんでした」。

「反戦デモには参加しましたか」。記者が質問すると、インナさんは顔を曇らせた。「していません。というより、できませんでした。ただただ怖かった」。拘束されて警察に暴力を振るわれる人がいたという話も聞いた。拘束は数時間で終わるかもしれないし、一生かもしれない。そんな不安が頭をよぎり、踏み出せなかったという。

「欧州の人たちは言うんです。『戦争に反対なら、なぜ立ち上がらないのか』と。悲しいことだけど、今のロシアで私は怖くてそんなことはできない。これをわかってもらえないのが本当につらいです」

一方で、欧州に対する不満も心の底にある。それは、天然ガスや原油の購入に支払われた金が、結果的にプーチン大統領による軍事的増強を招いたのではないかということだ。

モスクワを離れるまでの1カ月近く、「（冷戦期の）鉄のカーテンのようになってロシアが孤立し、ずっとここに押し込められてしまう」との思いが頭を駆け巡ったが、決断できなかった。それが、近所で「Z」の文字を掲げた車が走るようになり、出国を決めた。「Z」は「勝利のために」「ロシアのために」を意味する表現とされ、プーチン氏への支持も込められているとみられる。

父は「もうロシアという国は存在しないと思え。先だけ見て、未来は別の国でつくりなさい」と告げ、一人っ子のインナさんを送り出した。仕事や家のこともあり、両親はロシアにとどまることを選択した。

「プーチンがいなくなれば帰ります」と言ったインナさん。でも、そうなるとは思えない。周囲の友人も20人以上がすでにロシアを離れた。「皆、未来のない国にいて時間を無駄にしたくない」との思いだったという。

イスタンブールでは支援団体が提供する無料のアパートに他のロシア人と暮らす。アフリカや中東からの移民が多い地区だ。ここにいられるのは約2週間。その後は寝床を自分で探さなくてはいけない。持ってきたのは日本円で約12万円。ロシアのクレジットカードは制裁で使えないので宿の予約すら難しい。

先が見えず、不安で仕方がない。でも、インナさんはこうも言った。「ウクライナの人たちの痛みは私なんかの比ではない。自分の家が爆撃され、子どもを、家族を失うつらさを、私は想像できない。ウクライナの人たちはきっと、私たちのことを許してはくれないでしょう」

インナさんのようにロシアを離れた若者は、トルコのほかジョージア（グルジア）やアルメニアなどに出国。欧米とロシアを結ぶ航空便が次々と停止になるなか、もともとロシアからの観光客が多いトルコには今も直行便があり、事前にビザを取得しなくても入国できる。地元メディアは、侵攻後の3週間で約1万4千人のロシア人が入国したと報じている。ロシアとウクライナの間で積極的な仲介外交を続けるトルコは、対ロシア制裁には反対の立場を取っている。

サンクトペテルブルク出身のブラディスラフ・サモリンさん（24）も国を出て、イスタンブールに来た一人だ。

「ロシア人は戦争に反対だ！」「プーチンは出ていけ！」

ブラディスラフさんはロシアのウクライナ侵攻が始まると、反戦デモに2回参加し、声を上げた。身元がわからないよう黒いパーカのフードをかぶり、マスクをした。当局が参加者を拘束し始めると近くのバーに逃げ込んだ。

「もちろん怖かった。でも家にいたら自分たちの将来はない。僕は市民の10％でもこのデモに行けば何かが起きるかもと思った。でも結局、何も変わらなかった」

ブラディスラフさんにとってはSNSでも私生活でもすべてが政府に監視される生活は窮屈で、耐えられなかった。さらに、経済状況や汚職も大きな問題だった。物価は上がり、生活は苦しくなった。ここ1年ほどは求職中だった。「大統領になりたいわけじゃない。普通の人間として、ちゃんとした仕事と自由が欲しいだけ。でもプーチンは独裁者で、彼がいる限り何も変わらない」

だが、父は「プーチン大統領は偉大な男」だと説き、こちらの意見に耳を貸さない。今回の戦争について、「ロシアはウクライナの盾となり、ナチズムから救うのだ」と言い張った。「ロシアにはウクライナに侵攻する理由も利益もない」と訴えても、「お前は若すぎる。何もわかっていない」とかみ合わないままだった。母は「あなたの人生。あなたが決断すればいい」と送り出してくれた。

ブラディスラフさんは、自分のような考えを持つ人はロシアでは少数派だと嘆いた。これはインナさんも同じだった。

「ウクライナの人たちに伝えたいことはありますか」。そう問うと、ブラディスラフさんは「人々は家を追われ、家族を亡くした。でも自分にこの戦争を止めることはできない」とつぶやいた。

そして、何か言いたげに翻訳アプリで言葉を探した。

スマートフォンの画面に記された言葉は、「apologize(謝罪する)」だった。


ロシア軍の侵攻後、多くのウクライナ人たちが、ロシアに住む親族に悲惨な戦争の現実を伝えようと試みてきた。だが、ロシアは国内で情報を厳しく統制し、独自の筋書きを広めている。それぞれのまったく異なる「真実」が、家族の仲を引き裂いている。


ロシア軍による侵攻が始まった2月24日。ウクライナ西部リビウに住むドキュメンタリー作家のスニジャーナ・ホサラビッチさん(34)は午前9時ごろ、ロシア東部の街に暮らす伯母(62)に、急いでインターネット電話を掛けた。自分の祖母(83)、伯母にとっての母親がいるウクライナ南部の街の近くに、ロシア軍による攻撃があったことを知らせるためだ。

だが、伯母が口にしたのは意外な言葉だった。「ロシアがネオナチからウクライナを救いに行った。ロシア語を話すウクライナ人も助けるのよ」

開口一番、そう言った。ホサラビッチさんは驚き、反論した。「プーチン政権のプロパガンダを信じないで」「ロシアはウクライナの市民に爆撃し、殺している」。必死に訴えても、「ウクラ

伯母との会話に悲しさがこみ上げたというホサラビッチさん＝2022年3月17日、ウクライナ西部リビウ、高野裕介撮影

イナ自身が軍の施設を破壊しているだけ」ととりつく島もない。

ホサラビッチさんは、「なんで自分のめいを信じずにテレビを信じるのよ！」と怒鳴った。

翌日、伯母は自分が見ているテレビニュースの動画を送ってきた。画面には、「ロシアの『特別軍事作戦』が始まりました。精密な兵器を使い、市民は標的になっていません。ウクライナ軍は降伏しようとしています」と伝える男性キャスターが映っていた。ロシア側が描く筋書きそのものだった。

ホサラビッチさんは、どうしようもなく悲しくなった。生後すぐ、入院が長引いた母親に代わって面倒を見てくれ、「ママ」と呼ぶほど仲の良かった伯母だった。お願いだから、真実をわかって欲しい。そんな思いだった。

自宅周辺で鳴り響く空襲警報を録音し、音声メッセージで送った。伯母からの返信は、「私に何ができるというの？　無事で過ごして」というものだった。その後は、家族の不幸もあり連絡が途絶えている。

「関係は修復できますか？」。そう問うと、ホサラビッチさんは「家族は家族。ずっとプロパガンダに侵されてきた伯母の考えを今すぐに変えることはできないけど、それでもやらなくてはいけない」とつぶやいた。

ウクライナにはロシアに家族や親戚を持つ人が多い。旧ソ連時代にロシアに移り住んだ人もいれば、その逆もある。ウクライナ東部や南部にはロシア語を母語とする人も多く暮らす。ところが今、両国ではまったく異なる「真実」が語られている。ロシアは報道への統制を強め、フェイスブックやツイッターなどのSNSの通信も制限した。言論環境は悪化の一途をたどり、政府が決めた「物語」を多くの人たちが信じ切っている状態だ。

リビウに暮らすオクサナ・コズロワさん(54)はロシア軍の侵攻から3日ほど後、ロシアに滞在する7歳年上の兄から連絡を受けた。

「(首都の)キーウにいる娘たちにロシアに来るよう説得して欲しい」

リビウで生まれ育った兄だが、石油関連産業に携わるために20年以上、ロシアに住んでいる。コズロワさんは、「ロシアへ逃げるなんて馬鹿げている。あなたの娘たちはロシアの爆弾から逃げているのよ!」と声を荒らげた。

兄は「君はウクライナのテレビに洗脳されている」「ウクライナではナチがロシア語話者を抑圧している。ロシアは必ず勝つ」などと言い張った。

兄はもともと、ウクライナで市民が立ち上がり、親ロシア路線の政権の崩壊を招いた2014年の「マイダン革命」を応援するほど、民主化や自由を支持していた。コズロワさんは、兄がロシアでの滞在が長くなるほど、ロシア政府が語るプロパガンダに次第に染まっていったと思っている。

兄とは2回、SNSの通話機能でやりとりした。コズロワさんの訴えに困惑し、次第に何が起きているのかを理解しているようでもあった。それでも、強情に言い張る兄に「もう私に兄はいない」と語気を強めると、「じゃあ僕は姉になろうかな」と、まるでこちらの機嫌をうかがうようだった。

コズロワさんらが、ロシア軍によるウクライナへの攻撃の実態を知ってもらおうと写真や動画を送信すると、「二度と送るな」と言われた。ロシア当局に見られてトラブルになるのを防ぐためだったのかもしれない。兄が住む街はウクライナからの移民も多く、「何かあれば真っ先に疑われる人たちだ」とコズロワさんは言う。

たった二人の兄妹で、幼い頃、両親が留守のときには木材を使ってままごとのおもちゃを作ってくれた兄。それがいつのまにか、ロシア政府の語る「物語」を信じ込まされてしまった。

コズロワさんは、プーチン大統領への怒りをあらわにした。「兄は私がうそをつかないと知っている。たった一人の男のせいで、なぜ私たちのように普通のウクライナ人、ロシア人が翻弄されなければならないのでしょうか」

プロパガンダに染まる要因

ロシアによる侵攻は、ウクライナの主権と領土保全に対する侵害だとして、国際社会から厳しく非難されている。それでも、多くのロシア人がプーチン政権が発信する根拠のない情報を信じているのはなぜなのか。

国民が政権の情報を信じ込む要因の一つは、2014年ごろから政権の支配下にある国営テレビが中心になり、「ウクライナ東部で住民が迫害を受けている」という報道が集中的に伝えられてきたからだ。ロシアのプーチン大統領は14年から、この地域で「集団殺害」の危険があると警告していた。

背景にあったのが、この年2月の政変だ。親ロシア路線の政権が倒れて親欧米路線の政権が誕生すると、「ロシア系住民を迫害している」とウクライナ東部で親ロシア派が武装蜂起。ロシアは非正規の戦闘員を派遣するなどして支援した。実際には、この地域の住民は大半がロシア語を話し、戦闘に巻き込まれて死亡する人はいても、集団殺害の事実が国際的に確認されたわけではない。

しかし、ロシアの国営テレビなどは「民族主義者」や「ネオナチ」のグループが、子どもを含むこの地域の住民を攻撃しているとする映像を流し続けた。ウクライナ西部では第2次世界大戦中、ソ連からの独立を目指す運動家らが、ナチス・ドイツ軍と協力してソ連軍と戦った歴史がある。そのため、「民族主義者」や「ネオナチ」の言葉は、ロシア人にとってのウクライナ人観と結びつきやすい面もあった。

ロシアの若者はインターネットを通してさまざまな情報を欧米から手に入れているが、最近はインスタグラムなどの接続が通信監督当局から遮断されている。高齢者は主に国営テレビのニュースから情報を得ており、政権のプロパガンダに染まりやすい実態がある。

ロシアではもともと、ソ連崩壊後の90年代の混乱から、欧米への警戒感が強かった。当時、欧米のアドバイスを受けて資本主義を導入したが、ロシア経済は低迷し、社会は大きく混乱した。貧富の差が拡大するなかで台頭したオリガルヒ（新興財閥）は、政権やメディアを動かすほどの力を手に入れた。

それを改善し、社会を安定させたのがプーチン氏だ。原油高の後押しも受けて経済が成長。中国などと新興5カ国（ＢＲＩＣＳ）に名を連ね、大国のプライドも復活してきた。

このため、国民の間には、首相や閣僚は批判してもプーチン氏は批判しにくい雰囲気があるほか、プーチン氏の言葉をそのまま信じてしまう傾向もある。ウクライナ侵攻について、多くのロシア人はプーチン政権の「ロシア系住民をウクライナ軍の攻撃から守るため」という主張に賛同しているとされる。

モスクワの建設業セルゲイ・リャブツェフさん(65)も、ロシア政府の主張を信じる国民の一人だ。息子と孫が3人いる。心配事は高齢の母親の健康だという家族思いの男性だ。

だが、子どもを含む多くの民間人が犠牲になったウクライナ侵攻については「正しい決断だ。ナチスやファシズムはいらない。(ウクライナ東部での紛争開始後の)8年間、東部ドンバス地方はたくさんの空爆も受けた」と話し、「これはジェノサイド(集団殺害)だ。昔のドイツのようにウクライナがなってしまった。止めないといけない」と憤る。

リャブツェフさんがナチスを憎むのは、両親から第2次世界大戦中、ドイツ軍に殺されかけた経験を聞かされたからだ。故郷のボルゴグラードはロシア南西部の豊かな穀倉地帯にある。ソ連時代はスターリングラードと呼ばれており、大戦中の激戦地の一つとしても知られる。一時、この一帯にナチス・ドイツ軍が侵攻し、両親ら農家の家を占拠した。ドイツ兵は退却する際に家々に火を放ち、多くの人が亡くなったとされる。父はその後、ポーランドの戦闘で命を落とした。

ウクライナ政府を「ネオナチ」と批判するプーチン大統領については「政治や経済に精通している素晴らしい大統領だ。次の選挙でも投票する」と称賛する。

1991年のソ連崩壊後、食料を買うために行列に並んだ。兵士の数は削減され、ロシアの国際的な地位は低下した。軍備を整え、国を立て直したのがプーチン氏だ。欧米の経済制裁を受け、今後は生活の悪化が予想されるが、「私たちには何でもある。国内産業が活発になってきたことがうれしい」と悲観していない。

プーチン大統領の言葉が国民に支持される理由の一つに、ナチス・ドイツ軍などの侵略を受けた過去からつくられた、「いつもロシアは攻撃される」という被害者意識がある。ロシアが、そのような意識を引きずるのはなぜなのか。フランス皇帝ナポレオン1世のロシア遠征にその原点を見た。

ドーンという爆音が響くと、体に振動が伝わったように感じた。近くの大砲から煙が上っている。すぐ目の前を将校を乗せた馬が駆け抜けていった。

モスクワ郊外のボロジノで5月29日、1812年9月の「ボロジノの戦い」の再現イベントが開かれた。約300人が当時の華やかな軍服姿でフランス軍やロシア軍の騎兵や歩兵に扮して激突。近くでは両軍の宿営地も再現され、当時の医療、武器や靴の作り方などが紹介された。

1812年、フランス軍はポーランドやドイツの兵も含めて約70万の大軍でロシアに侵攻。ロシア帝国の軍との戦闘では、ロシア側によると、ボロジノだけで両軍合わせて3万7千人以上が死亡した。トルストイの小説『戦争と平和』でも描かれた。

ロシアでは、ナポレオン軍との戦いは「祖国戦争」と呼ばれ、第2次世界大戦のナチス・ドイツとの「大祖国戦争」と並ぶ防衛戦争として記憶される。イベントは子どもたちに愛国心を学ばせる狙いもある。

「ボロジノの戦い」の再現イベントの会場では、当時のコスチュームを着た子どもたちも参加していた＝2022年5月29日、モスクワ郊外ボロジノ、中川仁樹撮影

息子のエゴールさん（14）と訪れたデニスさん（36）は「子どもには私たちの歴史と愛国心を学んでほしい」と話す。エゴールさんはウクライナ侵攻後、愛国心をより強く感じるようになった。「作戦には全面的に賛成している。平和的に解決してほしい」

ボロジノの戦いは、ロシア帝国の時代から愛国心の高揚に利用されてきた。

1839年には皇帝ニコライ1世が臨席して記念碑の完成式典が行われた。100周年の1912年には、今の博物館の建物が完成した。現在はボロジノ国立軍事歴史博物館として運営されている。

200周年の2012年秋のイベントは、プーチン大統領やフランスのジスカールデスタン元大統領が観戦。プーチン氏は「ロシア人は団結したときのみ、祖国発展の最大の成果を勝ち取ってきた」とし、「愛国心はロシア国民の団結の中にあり、常に我々の偉大な勝利の基盤となってきた」と国民に訴えた。

博物館のイーゴリ・コルネエフ館長は「歴史が学ばない者を罰することを、何度も見てきた」と話す。「ナポレオン戦争の前にはポーランドの襲来があり、1941年（のナチス・ドイツの侵攻）と、すべてが繰り返されている」とし、「歴史を見れば、ロシアが攻撃を受けずに100年以上を過ごしたことはない。ロシアから攻撃したことは一度もなく、ただ防衛してきただけだ」と主張する。

実際には、ロシア帝国は領土の拡張を目指して欧州列強と戦い、東方や南方にも勢力を拡大した。ソ連時代には東欧の「ハンガリー動乱」や、チェコスロバキア（当時）での「プラハの春」をソ連軍が鎮圧し、アフガニスタンにも侵攻した。

ただ、多くの国民は被害者意識の方を共有している。プーチン氏がウクライナ侵攻の理由の一つに、「欧米の支援を受けたウクライナの『ネオナチ』や『民族主義者』がロシア攻撃を計画していた」と主張したのも、それを念頭にしていたと思われる。ロシア下院のアンドレイ・カルタポロフ国防委員長は5月29日の国営テレビの番組で、こう訴えた。「19世紀はナポレオン、20世紀はヒトラー。毎回、全欧州が襲来した。いまも同じだ」

ウクライナ侵攻を、「祖国戦争」から「大祖国戦争」という歴史の流れの中に位置づける人もいる。ロシアが最大の脅威とみなす米国の陰謀によるものであり、二つの祖国戦争に続く「国の命運」をかけた戦いだと考えるからだ。ウクライナ侵攻を多くの国民が支持する背景にも、米国がロシアを陥れようと暗躍しているとの恐怖心がある。

亡くなった兵士の家族を支援する「ロシア兵士の母の会」副会長のアントニーナ・アクショノワさんは「なぜ我々の国の問題に、米国の介入を許さないといけないのか。（ウクライナとの）この戦争は米国の承認で行われている。誰がウクライナと私たちの友好を邪魔したのか。長年、一つの家族だったのに、突然、断絶してしまった」という持論を展開し、米国を批判する。

アクショノワさんは「戦争はいつでも不幸であり、息子が戦争で死ぬのを望む母はいない」と言うが、「ファシズムやナチスに終止符を打つ必要があれば、望む、望まないにかかわらず、息子が世界を守らなければならない」と訴える。

アクショノワさんも90年代のチェチェン紛争で息子を亡くした。とても優しく、祖国を愛する息子だった。息子を亡くしたことを悲しむ代わりに、他の母親を助けるようになったという。

「そもそもロシアを強くしているものは何か。それには秘密がある。何も恐れず、誰にも決して祖国を譲らないロシア兵だ」

［この章の筆者］中川仁樹／イスタンブール支局長・高野裕介

第8章

［難民］混乱を招かなかった要因

ロシア軍のウクライナ侵攻は、多数の難民や国内避難民（ＩＤＰ）を生み出した。欧州各国に流れ出た人数は、２０２３年1月3日現在で総計８００万人に迫る。15年に中東やアフリカなどからの難民がバルカン半島からドイツなどを目指した「欧州難民危機」の１００万人余りを大きく上回り、欧州で戦後最大の難民数となった。

15年の欧州難民危機の際は、徒歩で北上する難民らと、これを押し返そうとするハンガリー政府などとの間で、トラブルが相次いだ。入国を拒まれた難民らは国境地帯に滞留し、難民を受け入れたドイツなどでも、その是非をめぐって論争が起きた。

一連の騒ぎが各国に与えた衝撃は大きく、右翼ポピュリスト勢力の台頭を招くなど、政治的、社会的な変化にも結びついた。その時の経験から、今回も当初、「難民危機の再来か」との懸念が広がったのは、当然だった。

しかし、侵攻から1年近くを経て振り返ると、それは杞憂《きゆう》に過ぎなかったとわかる。

ウクライナ難民たちは、国境で整然と順番を待ち、淡々と手続きを済ませ、「危機」と呼ぶにはほど遠い落ち着きぶりだった。隣接する受け入れ国が用意した難民キャンプや施設に滞留する人は少なく、多くの人はそのままバスや列車、飛行機を乗り継いで、知人や友人のもとへ向かった。滞在先で、もちろん個人レベルのトラブルや悩みは絶えなかっただろうが、社会問題化することはほとんどなかった。

なぜ、15年は大騒ぎになって、今回はならなかったのか。手がかりを求めて、米サザンメソジスト大学のジェームズ・ホリフィールド教授をフランスに訪ねたのは、ウクライナ難民が500万人を超えていた4月末のことだった。人の移動研究で高名な教授はこの時、在外研究でパリに滞在していた。

教授との対話から見えてきたのは、15年と今回とで、問題の位置づけや性格が根本的に異なっていたことである。双方を「難民」として同一視する姿勢自体に、再検討の余地があったのかもしれない。

今回の特徴の第1は、ロシア軍のウクライナ侵攻を、欧州が何より「安全保障上の危機」として受け止めたことだった。これを機に移動した人々、いわゆる「難民」も、地政学的な課題となった。地理的に近いウクライナで起きた戦争が、欧州の市民生活に影響するのは、避けられなかったからである。

15年の際に難民を生み出したシリアやアフガニスタン、イラクでの紛争は、欧州にとっての位置づけが異なっていた。何より遠い国で起きた出来事であり、欧州の安全保障には直接結びつかなかったのである。

教授は、今回の欧州をむしろ、当時のトルコと比較すべきだと考えていた。「トルコは地政学的に、シリアやアフガニスタン、イラクなどでの出来事と大いに関係し、実際にも300万人以上の難民を受け入れてきました。つまり、ポーランドにとってのウクライナ人は、トルコにとってのシリア人なのです。何百万人ものシリア人を受け入れられるのは文化的に近いトルコであり、同様に何百万人ものウクライナ人を受け入れられるのは欧州なのです」と語った。

第2の特徴は、ウクライナからの難民の大部分が女性や子どもたちで、男性はほとんどいなかったことである。ロシア軍の侵攻を受けて、ウクライナは18〜60歳の成人男性の出国を原則として禁止した。

女性や子どもの場合、受け入れ国の市民は難民を自宅に招きやすい。それは、難民をキャンプに入れるのではなく、地域社会で受け入れる態勢へとつながった。

また、国外に逃れた難民には、貧困層も比較的少なかったとみられる。農民らは攻撃や占領を受けても地元にとどまろうとする傾向が強く、国外に出た人たちの多くは高等教育を受け、自らの職を持ち、英語を話した。受け入れ国の社会への順応性も高く、滞在先でのトラブル回避につながった。

ウクライナから欧州連合（EU）各国へは、出稼ぎや移住がすでに常態化しており、ロシア軍の侵攻前からポーランドには50万人以上のウクライナ人が住んでいた。このように国外に暮らす家族や親戚を頼って出国するケースも多く、行き先の定まらない人々が滞留した欧州難民危機の場合とは異なっていた。

第3に、欧州難民危機とは法制面の違いが明らかだった。

ロシア軍の侵攻前から、ウクライナ人は欧州各国にビザなしで入国する権利を持っており、基本的に不法入国だったシリア人やアフガニスタン人にはない法的地位が保障されていた。それは、比較的容易に母国を離れられることも、また状況が改善されればすぐに帰国できることも、意味していた。

実際、ウクライナの一部の地域で状況が落ち着くと、避難先を去って国内に戻る逆の流れが増えた。22年秋までに、相当数の難民はすでに帰国したとみられた。

ウクライナ人の多くは恐らく、母国を捨てる意識など薄かっただろう。そもそも、この戦争は自らが招いたわけではなく、ロシアが勝手に攻め込んできたのである。一時的に避難はしても、ロシアが去って新たな国づくりが始まる時には、再び母国に戻る。彼らの振る舞いには、そのような意識が透けてみえた。それが、受け入れる側の安心感にもつながっていた。

もちろん、だからといってすべてが滞りなく進んだわけではない。侵略国であるロシア側に逃れた人もいれば、帰りたくても帰れない人もいる。本章では、記者たちが各地で取材した難民流出の現場や出会った難民たちの姿を報告する。〈欧州駐在編集委員・国末憲人〈前ヨーロッパ総局長〉〉

異例の受け入れ態勢はなぜ？

侵攻翌月、戦禍を逃れたウクライナ国民たちが、次々と国外へ流出する状況が続いていた。欧州側は積極的な難民の受け入れ態勢を敷き、これまでの流入を防ぐ姿勢を一転。異例の対応を見せていた。

「ウクライナのため、自分ができる限りのことをしたい。連帯する気持ちだけです」

ポーランド南東部コルチョーバの避難所で2月末、ソフトウェア会社員のブラド・ユスラブさん（24）は取材に語った。

ポーランドは各国で最も多い150万人以上を受け入れている。ユスラブさんは、仕事を休んで、200キロ以上離れた南部クラクフから駆けつけた。得意の英語を生かし、母国語と英語しかできない難民の通訳係を買って出た。「困っていれば、どこの国の何人であろうが関係ありません」。大勢のボランティアが避難所で汗を流す。自宅に招き入れる人も少なくない。

ポーランド政府も避難所や滞在場所を早々に確保。入国後は簡単な手続きで働いたり、学校に行けたりするような制度も次々と整えた。長期化すれば「過剰負担」となりかねない。だが、今はまず、目の前の困った人たちを助けようというムードが社会全体を支配している。

ポーランドに限らず、欧州各国は積極的な姿勢を示す。マクロン仏大統領は3月2日の演説で「ウクライナ難民は、フランスも受け入れを担う」と明言。すでに受け入れへと動いている自治体をたたえた。

ウクライナから避難してきた人たち。国境には多くの支援団体が集まっていた＝2022年3月23日、ポーランド東部メディカ、遠藤啓生撮影

欧州連合（EU）27カ国は3月3日、難民を受け入れる緊急保護策で合意。ヨハンソン欧州委員（内務担当）は「歴史的な決断だ」と評し、「連帯を誇りに思う」と述べた。

通常の難民申請のような手続きを省いて域内での滞在を認め、働いたり、子どもたちが教育を受けたりできるようにした。住居や医療、福祉などの支援も提供する。当面は1年間の時限措置だが、最長3年まで延長できる。有効なパスポートがなくても各国の判断で入域や滞在を認めうるという異例の対応だ。

欧州側の対応はこれまでと大きく変わった。近年、中東などから欧州を目指す難民や移民の上陸や越境を

避難民の流出状況（4月18日時点）

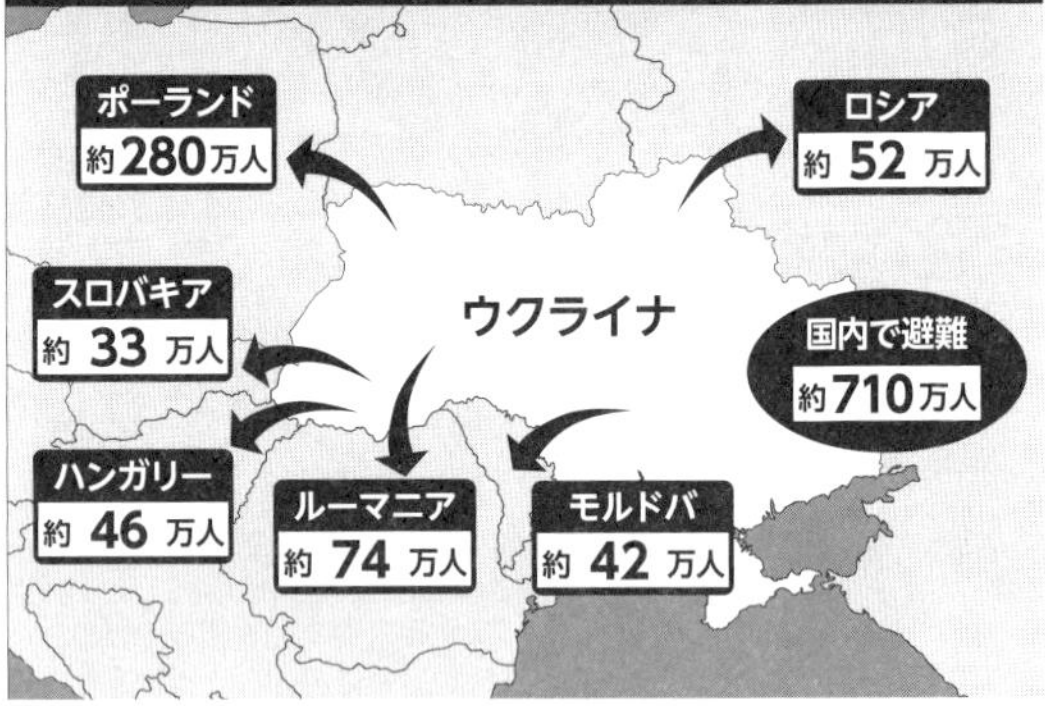

(OCHA, Ukraine: Humanitarian Impact Situation Report)

阻む「プッシュバック（押し返し）」が問題になってきた。

２０１５年には、シリアなどから１００万人以上が欧州を目指した「難民危機」の際、ポーランドはハンガリーとともに徹底的に受け入れを拒んだ。政府はこれまで移民・難民に厳しい対応を取ることで、市民から一定の支持を得てきた。

マクロン氏も２０２１年８月には、アフガニスタン情勢をめぐり、「不安定なアフガン情勢は欧州への不法移民の流入を引き起こす恐れがある」と強調。それ以前も「不法移民とテロの結びつきをはっきり見なければならない。難民保護の権利が悪用されている」と訴えてきた。

同じように戦禍から逃れてきたのに、二重基準とも言えるこの対応の違いはどこにあるのか。

ポーランドの主要紙、選挙新聞のユディタ・バトーワ記者は「ウクライナは地理的、文化的、言語的にポーランドに近く、同じスラブ民族であることが大きい」と話す。歴史的にも１９３９

年の侵攻でソ連に国土を踏みにじられ、冷戦時も影響下に置かれたポーランドの人々はロシアへの反感が極めて強いこともある。ロシアに攻撃されたウクライナに対し、「多くの人たちに共感の気持ちが生まれるのは当然だ」という。

だが、首脳から差別的な発言も出ている。AP通信によると、ブルガリアのペトコフ首相（当時）は2月下旬、ウクライナからの難民について「彼らは知的で教養があり、今は私たちがこれまで経験してきたような難民の波ではない。身元がわからず、過去が不確かで、テロリストだったかもしれない人たちではない」と記者団に語った。「現在の難民の波を恐れている欧州の国は一つもない」とも話した。

難民らを支える39カ国のNGOのネットワーク「ECRE」（ブリュッセル）のキャサリン・ウラード氏は、「難民危機」後の欧州の対応は、保護を求める人たちの到着を阻むことが基本だったという。「敵対的な対応は、人種や宗教も含め、偏見や恐怖感から生まれることがある。移民・難民についての政策も人種的な偏見から形づくられてきた」と指摘する。

ウラード氏は、今回のウクライナ難民の受け入れを高く評価しつつ、「保護が必要な、あらゆる人が同じように扱われなければならない」とも述べ、「開かれていて、一体となった対応が重ねられていくことを願う。（欧州の）政治的な危機を避けることにもつながる」とした。

3月末の時点で、ウクライナから国外に逃れる難民の数は、400万人を超える勢いだった。2015年に多数のシリア難民らが到来して引き起こされた「欧州難民危機」の数倍の人数にあたる。しかし、各国で政治問題化した当時のような大混乱はなかった。いったい何が違うのか。その背景を、ルーマニアとの国境で探った。

ウクライナ国境から車で40分ほどの街スチャバは、ルーマニア北部の中心都市だ。この郊外に立つマンダキ・ホテルは、付属の結婚式場を難民向けに開放し、ベッド170床を用意した。ウクライナから到着したばかりの人々は、約200人のボランティアの助けを受けつつ、ここで休息し、次の目的地に向かう。

3月15日に会ったエリザベトさん(33)は、激しい攻撃を受けたウクライナ南部の街クリビーリフを前日の午後3時に出発。翌朝国境を越えてルーマニア側の街シレトに入り、このホテルにたどり着いた。「朝早かったので、国境の行列も10人ほど。出入国にさほどの時間はかかりませんでした」

キーウの通信社でビデオ編集に携わってきたエリザベトさんは2月、故郷のクリビーリフを訪ねた。人口60万人あまりのこの街は、ゼレンスキー大統領の故郷として知られ、ユダヤ系が多く住む。大統領もエリザベトさんもユダヤ系。エリザベトさんの母は地元のユダヤ人学校の教師を務めていた。

エリザベトさんはここで新型コロナウイルスに感染し、2月24日は実家で寝込んでいた。ロシア軍が侵攻したと知ったのは、翌朝になってからだった。

「この街には空港や軍用施設があるので、砲撃の標的となりました。でも、脱出しようにもコロナで動けなかったのです」

1日に5、6回の警報が鳴り、避難指示が5時間ほど続くこともあった。最終的に、ユダヤ系コミュニティーが仕立てたバスで街を離れ、ルーマニアとの国境にたどり着いた。

難民となったエリザベトさんには、明確な避難先がある。スペインに住む同郷出身の友人宅だ。ここで休んだ後は空港に連れていってもらい、マドリード行きの便に乗るという。

「家族はキーウにとどまっており、家の近くが砲撃に遭ったと聞きました。私も本当はウクライナに戻りたいのですが」

後ろ髪を引かれる思いで、最終目的地に向かう。

ウクライナ北東部ハルキウのマンションを砲撃で壊され、命からがら車で逃げ延びた外科医のアレクサンドルさん(60)は、パートナーの歯科医ビクトリアさん(55)とともに3月10日、ルーマニア北西部サツマレに出国。地元の教会に保護された後、22日にドイツの知人宅に到着した。

今後はスイスに移り、地元の医師免許を取得したうえで開業を目指すという。「大変な苦難だが、負けたくない。生活の基盤を築いて、いつかハルキウに戻る日に備えたい」。医療機器を持ち出せなかったのが心残りだという。

この2例で明らかなのは、出国後の行き先が最初からわかっていること。他の場所で会った多くの難民にも共通する要素だった。

ウクライナ西部の検問所からポーランドに出国しようとしていたハルキウの現代芸術家アントニーさん（28）は「ドイツに暮らす母のもとに」。激戦地のスムイから、脱出のために設けられた「人道回廊」を通って西部リビウの駅にたどり着いたナディアさん（39）は「ポーランドの親戚の家に行きます」と話した。

つまり、ウクライナからの難民の多くは、頼るべき友人や知人、親戚を国外に持っている。この点が、具体的な当てのないまま欧州に上陸した人が多かった２０１５年の「欧州難民危機」の際のシリア難民らとの、大きな違いだ。

「欧州難民危機」では、１００万人以上といわれる難民が、バルカン半島などから徒歩でドイツなどを目指し、これを押し返そうとするハンガリー政府などとの間でトラブルが相次いだ。

入国を拒まれた難民らは、国境地帯に多数滞留した。難民を受け入れた国々でも、その是非をめぐって論争が起き、ハンガリーなど一部の国で右翼ポピュリスト勢力の台頭を招いた。

今回、ウクライナから出国した難民の数は、3月28日現在で390万人を超える。15年を大きく上回るにもかかわらず、混乱が少ない大きな要因は、受け入れ先にどんどん流れていくことだ。ルーマニアの国境の街シレトには、消防隊が402床の難民キャンプを設営している。3月15日に訪ねてみると、中は空っぽで、難民は1人もいない。「みんな今朝出ていきました」と広報責任者のダニエル・ダンさん(39)が説明した。

キャンプに需要がないわけではなく、多い時には許容人数を超える四百余人が1度に訪れることもある。しかし、大部分の難民は1泊のみ。長くても2〜3泊で、次の目的地に向かうという。

「多くの人はここで仮眠を取ったり、友人や家族の迎えを待ったりするだけです」

背景には、多数のウクライナ人が、移民や出稼ぎ労働者として欧州各国に定住している現実がある。AP通信によると、その数は欧州各国で150万人に達し、各国の主要都市で日曜日に教会に集うなど、結束も固い。これらの人々が、家族や親戚、友人を受け入れているとみられる。

人の国際移動の研究で知られる米サザンメソジスト大学のジェームズ・ホリフィールド教授は「欧州や北米には規模の大きいウクライナ人コミュニティーがすでに形成されており、難民を引き受ける準備が整っている」と分析する。

今回の難民のもう一つの特徴は、男性が極端に少ないことだ。

「やってくるのは女性と子どもばかりですね。そうでなければお年寄り。若い男はほとんどいま

ルーマニア北部シレトの国境。ウクライナからの難民が次々と入国し、消防隊の先導で避難所やバスに向かう＝2022年3月15日、ルーマニア北部シレト、国末憲人撮影

せん。たまにいても、ウクライナ人ではなく、他国出身でウクライナに滞在していた留学生とかです」。マンダキ・ホテルの難民対応広報責任者アドリアン・ボロハンさん（31）は、そう語る。

理由は単純だ。「男たちは戦場に行っていますから」と、難民支援のためにシレトを訪問していたウクライナ正教会のディミトリー・ポペスク司祭は説明した。招集の対象となる18～60歳の男性の出国を、ウクライナ当局は原則的に認めていない。このため、国境まで一緒に来たカップルが泣く泣く別れる姿も見られるという。一方で、難民が女性や子どもだけだと、滞在先の家庭も受け入れやすいと考えられている。

難民らの証言を総合すると、お年寄りや農村在住者は戦火が迫っても故郷を離れたがらず、今回、出国している人の多くは所得や教育水準が比較的高い都市住民だという。IT（情報技術）にたけたり、外国語が堪能だったりする人も少なくない。キーウからハンガリー経由でドイツに逃れた女性（41）は「多くのウクライナ人は、難民として援助を受けるのを潔しとせず、自ら働こうとしている」と話す。

一方、難民を受け入れる側にも、15年の場合とは異なる面がうかがえる。その一つが、宗教上の結びつきの強さだ。

ルーマニアへの主な玄関口にあたるシレトでは、国境の脇にキリスト教系の援助団体が3交代の24時間体制で控え、炊き出しや難民の移動の支援に取り組んでいる。その一つ、ルーマニア正教会は、ウクライナ側への食料支援にも力を入れている。数日に1度、様々な物資をトラック5～8台に積み、ウクライナ側の街チェルニウツィに届ける。両国の当局も、出入国手続きの簡素化などで支援しているという。

ルーマニア正教会のゴラーシュ・アウレル司祭(71)は「食料だけでなく、薬や毛布なども、現地では必要としているようだ。ウクライナ正教会と連携を取りつつ、取り組みを強めたい」と話した。

戦時下でも帰国の動き「ウクライナで出産したい」

長引く戦争により、ウクライナから逃れた多くの難民たちが長期の避難生活を強いられた。避難先の国での定住を模索する人もいる一方、徐々に国内へと戻り始める動きも目立つようになった。ウクライナ国境警備隊によると、5月2日時点で、約140万人のウクライナ人が海外から帰国していた。

「イタリアでの生活は不自由なく、まわりの人たちもよくしてくれた。けれど、ウクライナに戻りたい気持ちはずっとあった」

西部リビウ州出身の薬剤師、オクサナ・バライツカさん（32）は、難民として2カ月を過ごしたローマでの暮らしをそう振り返った。バライツカさんは侵攻前、リビウの空港から約1キロの自宅で、夫と5歳の長男と暮らしていた。おなかには第2子もおり、妊娠3カ月だった。

空港は攻撃の標的にされる可能性があったため、ロシア軍が侵攻を始めた2月24日の夜、車でリビウを出発。長男や母親と3人でポーランドに入り、友人を頼りにイタリアへ向かった。ローマでは夫の友人のウクライナ人が、部屋を提供してくれた。着いた翌日、難民申請も出した。侵攻直後だったためか、他にウクライナ人はおらず、審査はすぐに通った。

公共交通は無料になり、産院も紹介され、妊婦健診を受けた。ボランティア団体による食料や服の提供も受けた。薬剤師であることが伝わり、大手薬局での仕事も紹介してもらった。言葉こそ通じなかったが、少しだけできる英語や翻訳アプリを使えば、大きな問題はなかった。

不自由のない生活だったが、ウクライナに帰りたい気持ちは常にあった。「夫のいない寂しさと、ウクライナがどうなってしまうのだろうという気持ちでいつも不安だった」
電話で夫に「帰りたい」と伝えると、「空襲警報のたびに、凍えるような寒さの地下室に行かなくてはいけない。妊婦にそれをさせるわけにはいかない」と諭された。

帰国の決意を固めたのは、4月24日のキリストの復活を祝うイースター（復活祭）の1週間ほど前。例年であれば、イースターには親族が多く集まって、お祝いをする。家族と一緒ではないイースターは、想像できなかった。

このタイミングで帰る――。4月18日、夫にそう伝えると、電話口の後ろから大きな爆発音が聞こえてきた。リビウの軍事施設が、ロシア軍のミサイル攻撃を受けたときだった。

「これでも帰りたいというのか？」。夫に何度も聞かれたが、答えは変わらなかった。「父親に会いたがっている長男のためにも、私たちは帰る」

4月23日、2カ月ぶりにリビウから東約50キロのゾーロチウの実家へと戻った。空襲警報が鳴り響いたり、街中を多くの軍事関係者が歩いていたり、戦時下であることを強く意識させられた。3日後には、実家から15キロの地点で、ミサイル攻撃もあった。

それでも帰ってきてよかったと感じている。

「慣れ親しんだこの街で、今は家族のサポートを得ながら暮らせている。こんなに安心できる環境はない」と笑顔で話したバライツカさん。現在、妊娠5カ月になり、おなかも大きくなり始めてきた。戦況が悪化すれば、再び出国することも考えているが、「このままウクライナで出産したい」と力強く語った。

ウクライナ国境警備隊によると、5月2日時点で約140万人のウクライナ人が海外から帰国した。4月12日に記者会見したアンドリー・デムチェンコ報道官は「侵攻直後はロシアと戦うために戻った男性の帰国者が多かったが、最近は女性や子ども、高齢者が目立つ」と話し、1日あたり2万5千人から3万人が帰国していることを明かした。

ロシアへ避難した人たち「選択肢はなかった」

難民の中には、侵攻する側であるロシアにたどり着いた人もいる。その数は11月時点で479万人を超えるとみられている。なぜ、祖国を侵略する国に向かったのか。モスクワに住むウクライナ難民や、支援者たちに話を聞いた。

「地下室に下りようよ。間に合わなくなるよ」

3月上旬の真夜中、ウクライナ東部ルハンスク州の拠点都市セベロドネツクからモスクワに避難したばかりのユリア・アファナシエフスカヤさん(31)は、娘のズラータさん(7)の叫び声で目を覚ました。

起きると、ズラータさんがおびえた表情で見つめていた。なんとかなだめて寝かせたが、翌日の深夜も、ズラータさんは暗闇の中で声を上げた。住み始めたばかりのアパートだったが、大家は「近所迷惑になる」と、行くあてのない2人に出て行くよう求めた。安全な場所に避難した後も、激戦地の悪夢を見続ける。それほどウクライナでの過酷な戦争は、少女の心を傷付けていた。

ロシアが侵攻を始めた2月24日の直後、おびえた住民は買いだめに走った。店からは品物が消え、アファナシエフスカヤさんはマッチ一箱すら買えなかった。数日後、爆撃と砲撃が激しくなった。ドーンという爆発の音が鼓膜に突き刺さり、その衝撃は腹の奥まで響いた。

「花火を打ち上げるすぐ横で、その5倍の音を聞いているような、ものすごい音でした」と、その恐ろしさを表現する。攻撃しているのがロシア軍なのか、ウクライナ軍なのかはわからない。ひたすら自分と娘に当たらないことだけを祈った。

逃げ出したかったが、誰の助けもなかった。「自己責任」で脱出するしかなかったが、その自信はなかった。その後も攻撃は激しくなるばかりだった。おびえる娘を両手でしっかりと抱きしめる日々が続いた。身の安全だけでなく、その心が心配だった。

「こんな世界を娘に見せられない。娘を守るため、ここを離れよう」

3月4日、そう腹を決めると、すぐにSNSで情報を探した。ロシアに避難する車に2席の空きを見つけた。荷物をまとめ、すぐに家を出た。

住民への攻撃が続くなか、普段の道は通れない。細い道や畑などを抜け、脱出ルートを必死で探した。7歳の子どもには厳しい道のりだったが、ズラータさんも懸命に歩いた。

10キロほど歩いて、ようやく避難の車列に合流した。ロシアとの国境までは約100キロ。攻撃を受けないよう、幹線道路を避ける必要があった。幸運にも、雪が溶けた後の水が凍結していた。畑を走って国境にたどり着いた。

だが、つらい状況はしばらく続くことになる。アファナシエフスカヤさんは、国境を越えてバスに乗ってからのことはよく覚えていない。

ただ、モスクワに入るときのことは鮮明に覚えている。大きな建設中の橋があった。それを見たズラータさんが自分の手をぎゅっと握り、「ママ、ママ、ここを出ようよ。逃げようよ」と言った。理由を尋ねるとおびえた様子でこう訴えた。

「ここでも橋が爆破されているんだよ。ここも戦争なんだよ」

モスクワに到着すると、3LDKのシェアハウスの1部屋を提供された。久しぶりの静かな世界だった。2日間、ひたすら眠った。

だが、その場所も失うことになった。大家に出て行けと言われたとき、所持金はわずか4千ルーブル（約9千円）で、ほかの部屋を借りるには心細い金額だった。住み続けられるよう、大家に泣いてお願いした。でも、かなわなかった。

外に出ると、3月のモスクワはまだ寒かった。ショッピングセンターに行き、スマホで泊まれる場所を探した。安いホステルの情報を見つけたが、子ども連れは不可だった。

2時間ほどネットで検索を続けたが、宿泊場所は見つからない。夜になり、焦りばかりが募った。

「もう終わりだ」。そう思ったとき、偶然見つけたのがロシア正教会の支援組織「ミロセルディエ」（慈悲）だった。ちょうど、ウクライナから逃れてきた難民の支援を始めたばかりだった。電話をすると、職員は帰る直前だったが、30分もしないうちにショッピングセンターに来て、アファナシエフスカヤさん親子を見つけた。名前も聞かずに保護してくれた。

連れて行かれたアパートで3日間を過ごした。その後、組織が保有する賃貸アパートに2カ月住んだ後、モスクワ中心部にある、今のアパートに移った。

アファナシエフスカヤさんはいま、自らも「慈悲」で支援のボランティアをしている。6月下旬、オフィスで話を聞いた。しっかりとした声で質問に答える姿が印象的だった。

ズラータさんの様子を聞くと、「いまもまだ、とてもつらそうです。花火の音が聞こえるだけでも怖がります」と表情を曇らせた。モスクワでは夜中、街中でもよく花火が上がる。

ズラータさんは大勢の人に囲まれると恐怖心を感じるため、学校にも通えず、オンラインで授業を受けているという。

アファナシエフスカヤさん自身も、まだ心の平穏は取り戻せていないが、モスクワの暮らしで、少しずつ心が落ち着いてきたのも感じている。

「モスクワには友人も親族もいません。『慈悲』と出会わなかったら、気が狂っていたでしょう。ここで私は家族を見つけたのです」と笑顔を見せた。

最後に、多くのウクライナ人が逃れたウクライナ西部やポーランドなどに逃げる考えはなかったのかと聞いた。

「選択肢はなかった。そう、ウクライナ西部への逃げ道はなかったのです。だから、来るべき場所に来たんです」と言って、こう続けた。

「私がここにいるなら、それは神様が連れてきたということです。最も大切なのは子どもが安全にいること。どこであるかは、それほど重要ではありません」

ロシア正教会の支援組織「ミロセルディエ」(慈悲)の本部では連日、大勢のウクライナ難民が相談に訪れている＝2022年6月28日、モスクワ、中川仁樹撮影

ロシア緊急事態省の11月18日時点の発表によると、ロシアのウクライナ侵攻開始後、ウクライ

ナから避難した人は479万人以上、うち子どもは71万人以上にのぼる。ウクライナ側はロシアによる連れ去りがあると批判し、ゼレンスキー大統領は7月14日の演説で、約20万人の子どもがロシアに強制的に連れ去られたと訴えた。

ただ、侵攻後に何らかの方法でロシアに入ったウクライナ人の中には、戦闘から逃れるため、自らロシア行きを決断した人も多数いるとみられている。

侵略した側のロシアに避難する理由を、難民や移民を支援する「市民支援委員会」を率いるロシアの人権活動家スベトラーナ・ガヌシュキナ氏は、「ほかに選択肢がなかったからだ」と指摘する。東部などの激戦地では、ロシア側にしか避難ルートが確保されていない時期もあったためだ。

さらに、「ロシア語しか話せない人や、ロシア政府のプロパガンダを信じている人もいる。こうした人々は自発的に来た」とみる。

ロシアのプーチン大統領はかねて、「ウクライナ東部で起きていることは集団殺害（ジェノサイド）」などと主張。2月の侵攻直前には、ウクライナからロシアに逃れた人たちに1人あたり1万ルーブル（約2万円）を支給するなどの支援策を関連省庁などに指示した。

ただ、ロシアに来ても厳しい生活に直面する人が多いのが実態だという。ガヌシュキナ氏は6月下旬、「1万ルーブルの支給は1回限り。私の知る限り、受け取った人はほとんどいない。（ウクライナ東部）ドンバス地方から来れば高額に見えるが、ロシアに住めば、とても少ないとわかる」と話した。

また、ガヌシュキナ氏によると、ロシアでは「難民認定」を受けるのが極めて難しい。ウクライナ人はビザなしで入国できるが、滞在許可などの取得には、身分証明書の翻訳費用などがかかる。8月に無期限の滞在を認めるなど支援策は拡充されたが、ほとんど着の身着のままで逃れてきた難民にとって、異国での生活は経済的にも精神的にも、大きな負担が伴う。

そこで政府をサポートする形で、民間団体が難民支援をしている。中でもロシア正教会系の「慈悲」は国内最大級の支援組織となる。全国の信者から寄付を受け、法的な手続きから住宅、仕事、医療などほぼ生活全般を支援する。

母体となるロシア正教会は、ウクライナ侵攻を支持している。トップのキリル総主教はプーチン大統領と親密な関係にあり、2012年の大統領選ではプーチン氏支持を表明。ウクライナ侵攻についても「8年間、東部ドンバス地方では住民の抑圧や殲滅《せんめつ》が行われてきた」などと支持する発言をしている。

プーチン氏も宗教行事に頻繁に出席するほか、「同性愛宣伝禁止法」を導入するなど、正教会とともに伝統的価値観を重視する政策を進めてきた。このため、「慈悲」の活動の背後には、政権を支援する考えもあるとみられる。

［この章の筆者］ベルリン支局長・野島淳／東京経済部員・青田秀樹（前ブリュッセル支局長）／国際報道部次長・疋田多揚（前パリ支局長）／国末憲人／国際報道部員・坂本進／ヨーロッパ総局員・中川仁樹

第9章

［欧米］プーチンとどう向き合ってきたか

ウクライナ侵攻は、欧米諸国のロシアへの見方を決定的に変える出来事となった。従来、欧米ではロシアとの安全保障や経済面での協力を模索する動きもあった。だが、そうした機運はウクライナ侵攻によって完全に消えた。少なくともプーチン大統領がトップの座にいる限り、西側諸国はロシアを安全保障上の脅威として認識し続けることになるだろう。

欧米の変容を象徴するのが、北欧スウェーデンとフィンランドによる北大西洋条約機構（NATO）加盟の動きだ。フィンランドには国境を接する旧ソ連・ロシアに配慮し、軍事的中立を守ってきた歴史があった。ロシアの反発を避けるため、NATO加盟を避けるのは小国なりの生存戦略でもあった。

そんなフィンランドが今回、長く軍事的中立を守ってきた隣国スウェーデンとともに、NATOへの加盟申請に踏み切った。NATO拡大はロシアが最も阻止したかった展開だが、皮肉なことに自らの強硬な姿勢が、北欧2カ国の長年の外交政策を覆させる結果を招くことになった。

ほかの欧州各国も、ロシアとの関係見直しを迫られた。

一つは経済面だ。天然ガス輸入の4割をロシアに依存していた欧州連合（EU）は、エネルギー供給の「脱ロシア」化への方針転換を進めている。

中でもドイツはロシアとの経済的なつながりが深く、影響は甚大だった。ロシアからの天然ガスパイプライン「ノルドストリーム2」は開通目前まで進んでいたが、ウクライナ侵攻を受けて稼働承認を停止。ガス不足の産業への打撃は大きく、景気後退も指摘されている。

安全保障面でも、NATOは「対ロシア」に大きくかじを切った。従来はロシアをパートナーとしていたが、2022年夏の首脳会議で、「最大かつ直接的な脅威」と位置づけを一変させた。

各国はウクライナへの軍事支援を進め、ロシアに隣接するバルト三国や東欧諸国などの防衛も強化。侵攻直後に、ドイツが国防費を、国内総生産(GDP)比2%以上に引き上げると発表したことも象徴的な変化だった。

ウクライナへ侵攻したロシアに対し、国際社会をリードして対抗したのはやはり米国だった。だが同時に、今回の戦争は「もはや超大国ではない米国」ができることの限界を示す事例になったとも見ることができる。

本章では、少し時代をさかのぼって米ロ外交の変遷をみることで、ウクライナ侵攻に至るまでの米国とロシアの力関係の変化と、それが将来に意味することを考えてみたい。

1989年に米ソ冷戦が終結したことで、米国は「唯一の超大国」として世界に君臨するようになる。米国がロシアを脅威として認識する度合いは薄まり、対立関係は和らいだ。2

〇〇1年に同時多発テロが起きると、米国はテロとの戦いにシフトし、ロシアの協力を求める場面も増えた。

同時に、米国は自由で民主的な価値観が世界に広がることが安定につながると考え、他国への軍事介入も辞さないネオコン（新保守主義）が強まった。ロシアの反発を知りながらも、ウクライナの民主化やNATO加盟を推進しようとしたのは当時のブッシュ政権だった。この頃からプーチン氏は米国への敵対意識をむき出しにしていったが、当時の米国で気に掛ける人は少なかった。

やがて、米国の1強時代は終わりを迎える。イラクやアフガニスタンでの戦争は泥沼化し、08年のリーマン・ショックで経済も行き詰まった。「世界の警察官」として他国に介入する余裕はなくなり、「米国第一」に傾いていく時代の始まりである。

オバマ政権以降、米国は自国の死活的な利益にかかわらない限りは他国に軍事介入をしないという方針が定まりつつあった。NATO非加盟のウクライナは最優先とは言えず、ロシアとの対立激化を避けたいという大国の論理が働いていた。10年を超える対テロ戦争に疲弊した国内世論を踏まえれば当然の判断ではあった。

一方のプーチン氏は、米国の出方をじっくり見極めていたとみられる。08年には旧ソ連構成国のジョージアに侵攻し、14年にはウクライナ南部のクリミア半島を一方的に併合した。だが、米国が軍事介入することはなく、欧米の経済制裁も尻すぼみに終わった。もはや米国は強く出てこないと値踏みしたプーチン氏が、徐々に、かつ大胆に、他国への侵略の準備を進めていった可能性がある。

米国はトランプ政権になると国際社会との協調を軽視する政策が目立ち、NATOも「脳死状態」と言われるほど機能不全に陥った。続くバイデン政権が21年夏、アフガニスタンから米軍を撤退させたことも、米国による軍事介入の時代の終わりを感じさせる出来事だった。徐々に「内向き」の姿勢を強めていく、かつての超大国。その姿をみて、プーチン氏がウクライナ侵攻に踏み切った可能性があると一部の専門家は指摘している。

今回のウクライナ侵攻を受け、国際協調を掲げるバイデン政権は積極的な対応を打ち出してきた。超大国ではなくなっても、やはり米国の存在感は大きかったといえる。

独自の情報網でウクライナ侵攻の計画をいち早く察知し、機密情報の一部をあえて公表することで、各国に事前の警戒を呼びかけた。情報戦で先手を打つことで、ロシア側の「偽情報」で混乱を招くことを阻止したことも大きかった。

侵攻後には、各国を圧倒する規模の軍事支援をウクライナに提供。ウクライナによる必死の抗戦を支える大きな切り札を与え続けてきた。

一方で、米軍派兵というオプションを完全に除外していたのも重たい事実だった。ウクライナに自国の軍隊を送った西側諸国はなく、ウクライナ軍は自力での抗戦を強いられている。

バイデン氏は侵攻3カ月前の時点で、米軍派遣の可能性について「検討していない」と言い切っていた。これでロシアに足元を見られたとの批判もあるが、現在の米国がウクライナに派兵する可能性は元から低かったと言わざるを得ない。積極的に軍事介入はしないという米国の現実は、ごまかしようがないものでもあった。

軍隊は派遣しないが、軍事支援と対ロ制裁によってウクライナを支援する――。これが今回、米国を始めとする西側諸国がとった基本姿勢である。米国が超大国ではない今日において、この対応は今後の他地域での紛争を考えるうえでも示唆を与えている。(アメリカ総局員・高野遼)

NATO加盟に舵 中立国を変えた意識

ロシアによるウクライナ侵攻は、周辺国の安全保障政策にも大きな影響を与えた。長年、東西のはざまで中立を貫いてきたスウェーデン、フィンランドも、5月にNATOへの加盟を申請。6月末の首脳会議で全加盟国の承認を得て、加盟手続きが進められてきた。6月、ロシアの領土にほど近いスウェーデン南部・ゴットランド島を訪ねると、NATOとの軍事演習が行われていた。

夏のバルト海を見下ろす街並みは、島をモデルの一つにしたアニメ映画「魔女の宅急便」(宮崎駿監督)の趣を存分に残していた。丘へ続く石畳の階段に、朱色の屋根や黄色い壁の家々。夕日を浴びた中世の教会の廃墟の上を、カモメが舞う。

スウェーデン南部のゴットランド島。城壁に囲まれた中心部ビスビーは世界文化遺産に登録され、夏は欧州中から観光客が押し寄せる。だが、島は別の顔を持つ。

そこから内陸へ10キロ。森の小道に十数両の米軍軍用車両が現れた。空にはC130輸送機が、海には揚陸艦が行き交う。6月6~10日、スウェーデン軍は島で、北大西洋条約機構(NAT

O）軍と軍事演習を行った。島への上陸作戦に、空から侵入した敵との戦闘訓練……。「あらゆる状況を想定した演習です」。スウェーデン軍ゴットランド連隊のエングスハンマル広報担当は説明した。

参加したのは米国や仏独など16カ国の兵士ら7千人。「この島から同心円を描いてみて下さい。カリーニングラードからどれくらい近いかわかるでしょう」

カリーニングラード州は島の対岸にあるロシアの飛び地だ。距離は島の南端から300キロ弱。同心円を描くと、ストックホルムとほぼ等距離にあたる。不凍港を持つ同州は、ロシアの軍事拠点だ。バルト艦隊の本拠地でもあり、核弾頭を搭載可能な極超音速ミサイルも配備した。射程は2千キロ超で、欧州の主要都市をにらむ。ロシアは6月、NATOの演習に対抗するように、同州で1万人規模の軍事演習を実施した。

ロシアのウクライナ侵攻を受け、スウェーデンは安全保障政策の舵を大きく切った。200年近く軍事的中立を掲げ、軍事同盟に頼らなかったこの国は5月、NATOに加盟申請したのだ。

軍用車両に乗り込み、スウェーデン軍とNATO軍との合同演習に臨む米軍兵士＝2022年6月9日、スウェーデン南部ゴットランド島、疋田多揚撮影

「不沈空母」の異名をとるこの島はいま、NATOの要衝に変貌しようとしている。

現在、島に常駐する兵士は400人。ロシアによるウクライナ侵攻後、スウェーデン政府は有事には島に4千人を動員できるようにすると決めた。

「バルト海の真ん中にあるこの島からは、敵の行動をいろいろな手段で監視できる。対艦ミサイルも島に配備でき、敵が周辺に近づいてくるのを防ぐこともできる」

演習を率いたゴットランド連隊のフリクバル司令官はそう語り、こう続けた。「スウェーデン軍には島を守る能力はある。ただ、ロシアのプーチン大統領は政治的目的を遂げるためなら軍事力を使うと世界に示した。NATOに加盟すれば、確実な安全保障が得られる。完全な保険に加入するのと同じだ」

ゴットランド島は、欧州の緊張を映し出す。そしてロシアの振る舞いに応じて、その姿を変えてきた。1808年には、ロシア帝国に侵攻された。2千人の兵士に上陸され、1日で降伏した。占領は、本土のスウェーデン軍が奪還するまで3週間続いた。第2次世界大戦でソ連(当時)が隣国フィンランドに侵攻すると、島民に招集がかかった。侵攻に備えて配置につくためだった。

中立といっても、自衛しないわけではない。むしろ自衛力があるからこそ、中立を維持できる。島の軍事博物館には「ゴットランドの防衛は、スウェーデンの中立を守るのに決定的に重要だった」との説明書きがある。

島は冷戦時代、最大2万5千人の兵力を動員できる態勢を整えた。レーダーを島の外周に張り巡らし、島の地下にも司令室を設けた。だが、ソ連崩壊後、大半が撤去、あるいは放置された。NATOは1997年、ロシアと「互いを敵視しない」とする基本文書を交わした。その後、島からは常駐軍が引き揚げ、国は2010年に徴兵制を廃止した。

元ゴットランド連隊大佐のラルシュオケ・ペルメルードさん（66）は「現場は常駐軍の引き揚げにみんな反対していた。カリーニングラードから島に巡航ミサイルだって撃ち込めるのに。あり得ない判断だった」と振り返る。

14年にロシアがウクライナ南部のクリミア半島を併合した後、スウェーデンは島に常駐軍を戻し、徴兵制も復活させた。そして再びロシアが軍事侵攻した2022年、スウェーデンは伝統の軍事的中立を転換し、NATO加盟申請に踏み出した。

元農家の島民グンナル・ベンデリンさん（73）は「米国がイラクや中南米でしてきたことを見ると、米国の同盟国になるべきではないと思ってきた。私は大戦で動員された父と違い、戦争を知らない世代。比較的平和な時代を生きてきた。NATOに加わる必要はないと思っていた」と話す。

考えが変わったのは3月半ば。ウクライナ南部ヘルソン州から避難してきた女性と子どもたち3家族8人を自宅の離れに受け入れてからだ。村はロシア軍に占領され、教師だった避難民の女性は、建てたばかりの家をロシア兵に占拠されたという。「帰る場所を奪われた彼女たちの苦しみは想像を絶する」

8人を通じて、侵略される痛みと不条理を実感した。「ロシアのプーチン大統領が何をしたいのか、まったくわからない。やはりNATOに入った方がいいのかもしれない」

ブッシュ政権下で軽視したプーチンの〝異変〟

2008年のジョージア侵攻、14年のクリミア併合——。ロシアによる軍事侵攻は今回が初めてではない。そして振り返れば、過去のプーチン大統領の言動には、ウクライナ侵攻に至る予兆は数多くあった。もし国際社会がもっと厳しく対応していれば、プーチン大統領の暴走を食い止めることができたのではないか、といった批判は今もくすぶる。NATOの中心的存在であり、プーチン氏が大敵とみなす米国はそのとき、プーチン氏にどう対処したのか。

インタビュー中、あるベテラン外交官が後悔交じりの言葉を漏らした。

「あのとき、米国はロシアへの態度を変えるべきでした。我々はプーチン大統領の言葉を真剣に受け止めず、間違いを犯してしまったのです」

彼の口からは、率直な悔恨の言葉が続いた。

「そう。我々は、プーチン氏がのちに侵略者になると気づくのが遅すぎたのです」

過去の米ロ外交のキーパーソンたちに取材を重ねると、プーチン氏が米国を敵視し、権威主義的な動きを強める兆候は、すでに2000年代から表れ始めていたことが分かる。

そのとき、米国はなにを考え、どう動いたのか——。取材に応じてくれた元外交官や政府高官らのなかには、過去の政策を反省する人たちもいれば、当時としてはできる限りの対応をしたと振り返る人たちもいた。

ウクライナ侵攻の責任がプーチン氏にあることは論をまたない。しかし、数々の危険な「予兆」を見せていたプーチン氏に対し、米国はどう向き合ってきたのだろうか。当事者たちの証言をもとに、改めて検証してみたい。

まずは時計の針を2007年まで戻したい。場所はドイツ南部。15年前のプーチン氏は、ここで初めて米国への不満をぶちまけた。ミュンヘン安全保障会議に集まった各国首脳らを前に、プーチン氏は30分間にわたってロシア語で「米国批判」の熱弁を振るった。

「NATO拡大はいったい誰に対抗するためのものなのか?」「米国はあらゆる意味で国境を踏み越えている。危険きわまりない」——。

この演説を、プーチン研究の第一人者であるフィオナ・ヒル氏は著書で「プーチンはついにぶち切れた」と書いた。国際会議の場で、プーチン氏が米国への不満をぶちまけたのは初めてのことだったという。

ブッシュ(子)政権で大統領特別補佐官や国務次官補(欧州担当)を務めていたダニエル・フリード氏は、会場にいた高官の1人だった。冒頭で紹介した「悔恨の弁」を語った人物だ。プーチン氏のスピーチを聞き、フリード氏はすぐにブッシュ政権に進言したという。

G8首脳会議の会場でブッシュ米大統領(当時)を出迎えるプーチン大統領=2006年7月16日、サンクトペテルブルク、代表撮影

「これはバッドニュースだ。プーチン氏の脅威は真剣に考えた方がいい」と。

だが、その言葉が聞き入れられることはなかった。ブッシュ政権は米ロ関係の悪化を嫌ったのだという。「政権はまだ、プーチン氏と協力する希望を捨てなかったのです」とフリード氏は証言した。

歴史を振り返るうえで、当時の状況を知る必要がある。今となってはプーチン氏が「脅威」であることは誰の目にも明らかだが、20年前は状況が大きく違ったからだ。米ロ関係は今よりずっと良好だった。

ブッシュ政権で安全保障に携わったバリー・パベル元大統領特別補佐官はこう振り返る。「当時、ロシアはまったく脅威ではなかった。トップ10にも入っていなかったのです」

01年に同時多発テロ事件「9・11」が起き、テロとの戦いのさなかだった米国。ブッシュ氏が当時、プーチン氏との初の首脳会談で「とても素直で信頼できる人だと思った。私は彼の心を感じとった」と言ったのは有名な話だ。

「米国の方針は、プーチン氏と協力することでした」とフリード氏は言った。他方でプーチン氏側にも、当時は米国と協力する意思と熱意がみられたと元高官らは証言している。

そんなプーチン氏は、いつから米国を敵視するようになったのか。

「いわゆるカラー革命の頃からでしょう」とフリード氏は記憶をたどるように言った。

03年にジョージア、04年にウクライナで親欧米政権が誕生した。民主化の波が東欧諸国へと広がっていた。「プーチン氏はこれにひどく反応しました。欧米側が引き起こしたことだと批判したのです」

「民主化運動」。この言葉は今回の取材を通じ、プーチン氏の怒りを理解するための重要なキーワードとして何度も登場することになる。

ブッシュ政権は、プーチン氏の変節に気づいていたとフリード氏は言った。

「03年にブッシュ氏が訪英し、ブレア英首相（当時）と会談した席に私もいました。プーチン氏の権威主義が始まった初期の段階で、彼について議論したのを覚えています。そして2人とも、プーチン氏は自分たちが期待していたような人物ではない、という点で意見が一致しました」

それでも、ブッシュ氏はロシアとの協力の道を諦めなかった。

「ブッシュ氏はプーチン氏を変えたいと願っていた。まだ彼と一緒に仕事ができることを望んでいたのです。ブッシュ政権の問題は07年以降、プーチン氏がどこまで本気で攻撃的な政策を取ってくるのか、よくわからなかったことにあると思います」

08年8月、ロシアは隣国ジョージアに軍事侵攻する。

「侵攻を受け、ついにブッシュ政権は問題を理解したのだと思います。しかし、当然ながら時間切れでした」

3カ月後の米大統領選ではオバマ氏が当選を果たし、ブッシュ氏に対ロシア政策を改める時間は残されていなかった。

「ロシアの屈辱、米国は過小評価してきた」

プーチン氏の危険な変節に気づき、警告する人はブッシュ政権にどれほどいたのだろうか。それを知るために、当時の政権幹部たちの「回顧録」にあたった。米国では政権幹部が退任後、在任中の内幕を明かす回顧録を出版することが多い。

まずは2006年12月から国防長官を務めたロバート・ゲーツ氏。冷戦時代は対ソ強硬派として知られ、中央情報局（CIA）長官などを歴任した人物だ。プーチン氏の目に「心を感じた」と言ったブッシュ氏とは対照的に、ゲーツ氏は「プーチンの目をのぞき込んだとき私に見えたのは、予想どおり、冷酷非情の殺し屋である」と書いている。

ゲーツ氏もまた、07年のプーチン氏のスピーチを受け、ブッシュ氏に警告した一人だった。「ロシアが感じた屈辱の深さを、西側諸国、特に米国は、過小評価してきた。（中略）ロシアは激しく傷つき、米国は傲慢《ごうまん》だと恨みを深めてきた」と著書に記している。

さらにプーチン氏の怒りに油を注ぐ出来事は続いた。08年、ブッシュ政権の主導により、NATOがウクライナとジョージアを「将来の加盟国」と認めたのだ。

ロシアの反発を懸念した独仏は反対した。米政権内からも「完全にやりすぎ。すさまじい挑発だ」（ゲーツ氏）と異論があった。だが強引に押し切り、ブッシュ政権は2カ国の将来的なNATO加盟を後押しした。

当時の駐ロシア大使だったウィリアム・バーンズCIA長官は、プーチン氏と面会してこう言われたと回顧録で明かしている。「ウクライナのNATO加盟に向けた動きを見て、黙っているロシアの指導者はいない。それはロシアへの敵対行為だ」「我々は全力でそれを阻止するだろう」
その言葉がのちに実行に移されたのは、言うまでもない。

並み居る政権幹部たちが警告を続けたのにもかかわらず、なぜブッシュ政権はロシアの反感を買うような行動に突き進んだのか。当時の米国は「唯一の超大国」としての立場にあり、世界に自由と民主主義を広げることを目指すネオコンの考え方が台頭していた。大事なのはテロとの戦いであり、今とは大きく違って、ロシアを真剣に脅威と捉える声は少数派だった。

このころの政権内の空気感を伝える興味深い逸話がある。米情報機関でロシアを専門としていたヒル氏は、当時のエピソードを米紙ニューヨーク・タイムズの取材に明かしている。

大統領執務室に呼ばれたヒル氏がウクライナのNATO加盟に異議を唱えると、チェイニー副大統領(当時)に「つまり、君は自由と民主主義に反対だと私に言いたいのだね」と一喝されたのだという。

民主主義と自由の空間を広げることで、平和で安全な世界が形成される——。それがブッシュ政権の外交理念だった。だが東欧における民主主義の広まりは、プーチン氏にとって自らの領域への「介入」であり、権力基盤への脅威以外の何物でもなかった。

「我々はプーチン氏の決意の度合いをまだよく理解していなかったのです。戦争によって力ずくでロシアの支配を取り戻そうとするほどだったとは……」とフリード氏は回顧した。

2009年3月、ジュネーブで「リセット」ボタンを手に笑顔をみせるヒラリー米国務長官（当時）とロシアのラブロフ外相＝ロイター／アフロ

「そして、これはブッシュ政権とオバマ政権に共通する問題でもあった。結局、両政権ともロシア政策に失敗したのです」

2009年1月、オバマ政権が誕生する。すでに数々の「予兆」があったにもかかわらず、オバマ大統領は再びロシアとの協力路線を打ち出した。なぜオバマ政権は再び「失敗」を繰り返したのか。オバマ政権のキーマンに取材した。

13年前に撮られた1枚の写真がある。時代はこうも変わるのかと、凝視してしまった。

あのロシアのセルゲイ・ラブロフ外相が、満面の笑みを浮かべている。険しい表情が目立つ最近のラブロフ氏とは別人のようだ。隣に写るのは、当時の米国務長官だったヒラリー・クリントン氏。こちらも負けじと、白い歯をカメラに見せている。米ロ関係が、いまでは考えられないほど友好ムードにあったことを、その1枚の写真は物語っている。2人が手にするボタン付きの装置には、「RESET(リセット)」と書かれている。

2009年1月に発足したオバマ政権は、悪化したロシアとの関係を「リセット」すると宣言した。だが思い出して欲しい。ロシアは前年の08年、ジョージアに武力侵攻をして西側諸国から非難を浴びたばかりだった。数カ月前に隣国を侵略したロシアに対し、オバマ政権の「リセット」は甘すぎるようにも映る。もっと厳しく対処していれば、のちにウクライナ侵攻を招くこともなかったとの批判は今もある。

APEC 首脳会議の会場で言葉を交わすオバマ米大統領とロシアのメドベージェフ大統領(当時)＝2010年11月13日、横浜市西区、代表撮影

なぜオバマ政権は、ロシアとの協力関係を目指したのか――。まずは「リセット政策」を提唱した当の本人に取材を申し込むことにした。

「リセット政策」の発案者は、スタンフォード大のマイケル・マクフォール教授だ。学者出身だが、オバマ政権で大統領特別補佐官に任命され、12~14年には駐ロシア大使を務めている。「リセット」の狙いは何だったのか。早速本題に入ると、マクフォール氏は開口一番にこう言った。

「当時のロシアはプーチン政権ではなかった。メドベージェフが大統領でしたから」

08年、メドベージェフ氏を後継者に指名し、プーチン氏は大統領から首相へと転じていた。新たな米ロ関係が築けるのではないかと米国は期待したというわけだ。実際、オバマ氏はメドベージェフ氏と気が合った。ともに法律家で共通点も多い。重要な国連安保理の前などは「週に1回は電話で話していた」と自著で明かしている。

オバマ政権で国防戦略の策定を担ったバリー・パベル元大統領補佐官は、こう振り返る。「メドベージェフ氏は、プーチン氏と距離を置いて西側志向の知的な指導者のように振る舞っていた。問題は彼に本当の権力があるのか、プーチン氏の腰巾着なのか……」

権力のありかを見極めながら、対ロ外交は進められた。「プーチン氏が裏で糸を引いているかどうかはわからなかった。でも、恐れてばかりでは機を逸してしまう。メドベージェフ政権に可能性があるのか、試してみようという判断になったのです」

「目指したのはウィンウィンの関係」

オバマ政権には、優先課題があった。のちにノーベル平和賞にもつながった「核なき世界」の実現だ。ほかにもアフガニスタンでのテロ対策など、外交課題は山積。前に進むためには、ロシアの協力が不可欠だった。

「私たちの戦略は、米国のためになる問題でロシアと協力すること。目指したのはウィンウィン(互いに利のある)の関係でした」とマクフォール氏は言う。

成果は出た。米ロ両国は新たな核軍縮条約である戦略兵器削減条約(新START)に署名し、テロ対策でも協力を実現した。対イラン制裁でも歩調を合わせた。

「私たちはロシアと数多くの協力的な取引を行った。当時はロシア国民の60%が米国を好意的に見ていたのです」とマクフォール氏は強調した。

一方で、前年のジョージア侵攻を気に掛ける米政権幹部は少なかったようだ。ロシアが一方的に侵攻したウクライナとは異なり、衝突の発端はジョージア軍からの攻撃とされ、ジョージア政府の振る舞いを疑問視する声もあったためだという。

成功しかけた「リセット政策」だが、良好な米ロ関係は4年で幕を下ろす。プーチン氏が大統領に復帰したためだ。

「彼は米ロのウィンウィン関係に興味がなかった。米国にとってプラス2であれば、ロシアにとってはマイナス2だと考えるような人間なのです。協力は困難でした」

駐ロシア大使に就任したマクフォール氏は、プーチン氏に重大な変化を見て取ったという。

「プーチン氏はますます独裁的になり、民主主義を恐れるようになっていました」

要因は、各地で広がる民主化運動だったとマクフォール氏はみる。2010年、中東でアラブの春が起きた。11年にはロシアでも選挙不正疑惑をきっかけに大規模な「反プーチンデモ」が巻き起こった。

一連の民主化運動の背後で米国が糸を引いていると、プーチン氏は信じているようだったという。マクフォール氏は回想する。「あれは12年のことでした。彼の自宅で会談中、プーチン氏は私をにらみつけたのです。『我々の政府を弱体化させようとする人がいる。たとえばマクフォールのように』と言いながら。あのとき私のボディーガードは外にいた。冗談抜きにゾッとしたのを覚えています」

リセット政策むなしく、米ロ関係は悪化の一途をたどっていく。「プーチン氏とは考え方の根本から構造的な対立があった。彼のイデオロギーを変えるために私たちができることはあまりなかったと思います」とマクフォール氏は総括した。

ブッシュ政権に続き、ロシアと良好な関係を目指す試みは再び失敗に終わった。「成功する可能性もあると思っていた。試す価値のある失敗だった」と当時の政権幹部の一人は悔しそうに言った。

一方で、早い段階からロシアに懐疑的な目を向ける人たちもいた。

米国防総省のイブリン・ファルカス元国防次官補代理（ロシア・ウクライナ・ユーラシア担当）がその一人だ。

「国家安全保障において、大事なのは相手の意図と能力です。ロシアは能力が高まると同時に、意図は読みづらくなっていた。新たな対ロ防衛戦略が必要でした」

国防総省は、ロシアの脅威を抑止するための取り組みを政権に促したという。「でも、オバマ政権はリセットがうまくいくと考え、意欲的ではなかったのです」

14年3月、ロシアはウクライナに侵攻し、クリミア半島を併合した。米国にとっては青天のへきれきだった。

「このとき、米国は真の意味で初めてロシアの脅威に気づいたのです。欧州で国境が力で変更されたのは、第2次世界大戦以来初めて。そういう世界になっているのだと」

ファルカス氏は、米国の対応が遅すぎたと指摘する。「率直に言って、ロシアの変化の兆しは07年のプーチン氏によるミュンヘン安保会議でのスピーチにまでさかのぼります。でも結局、7年後にクリミアを併合されるまで米国が動くことはなかったのです」

「クリミア併合」以後　甘かった制裁

14年3月、クリミア半島を併合したロシアに対し、欧米各国は制裁に踏み切った。その制裁を米政府内で取り仕切った人物がいる。国務省で制裁政策調整官を務めたダニエル・フリード氏だ。

当時の制裁は弱すぎたのではないかと質問をぶつけると、フリード氏はこう返した。

「現在の対ロ制裁には及ばないが、当時としては強力な制裁だった。実際、一時的にはプーチンを止めることにも成功したのです」

政権内には、もっと強い制裁を主張する声もあったという。「でも米国が単独で走っても意味がない。ロシアと経済関係の強い欧州諸国を巻き込み、結束することが最優先でした」

むしろ、問題はそのあとだったとフリード氏は言う。「私たちは制裁を増やし続けるべきでした。しかし、十分に行わなかった。それが、プーチンが再び過激化することを許したのです」

時間の経過とともに「ウクライナ疲れ」が起き、プーチン氏につけ込まれたというわけだ。

「制裁は即効性がない。だからこそ、本気でやり遂げなければいけなかった」とフリード氏は自戒を込めて言った。

副大統領だったバイデン氏「10倍の代償」口癖

オバマ大統領の取り組みを物足りないと感じる政権幹部がいた。当時は副大統領だったバイデン氏だ。当時、バイデン氏は口癖のように「ロシアにはしっかり対応するべきだ。さもなければ、あとで10倍になって代償が返ってくる」と言っていたという。

そう証言するのは、5年前までバイデン氏の政策顧問を務めていたアンナ・マカンジュ氏だ。

「もし米国が本気で対応していないと見抜かれれば、ロシアは将来もっと重大な事態を引き起こす。バイデン氏はそう考えていたのです」とマカンジュ氏は振り返る

2017年に出版された著書のページを繰ると、彼が抱いていた不満が垣間見える。

「西側諸国はクリミア併合を非難したが、他にはほとんど何もしなかった」

「オバマ大統領はウクライナに同情的だったが、この地域紛争がロシアとの熱い戦争にエスカレートすることを望まなかった」

著書には、当時のメルケル独首相の名前も頻繁に登場する。「オバマ氏はいつも欧州の4大国（英独仏伊）の懸念に気を配っていた」「メルケル氏は、ウクライナを譲歩させようとしていた。

プーチン氏の『メンツを守る』べきだと彼女は言った」

バイデン氏は国際会議の場でもウクライナ支援を訴えた。だが、当時はあくまで副大統領。ーチン氏への不信感を抱きつつ、大統領であるオバマ氏の方針を変えるには至らなかった。

とりわけ、当時の米政府で議論を呼んだのが武器支援の是非だった。この点は、今回の取材でも元高官たちの意見が割れた。

国防総省は武器支援に賛成だった。イブリン・ファルカス元国防次官補代理は、同省が対戦車ミサイル「ジャベリン」の提供を進言していたと証言する。

「でもオバマ氏は、ジャベリンがロシアをエスカレートさせると恐れていました。我々は武器支

援により、ロシアを踏みとどまらせることができるという考えでした。ロシアは自軍の兵士に犠牲が出ることを強く嫌うことはわかっていましたから」

一方、チャールズ・カプチャン元大統領特別補佐官は、兵器提供に反対だったオバマ氏の思考をこう代弁する。

「ロシアは戦力的に圧倒的有利だったので、エスカレーションを招けばさらにウクライナが不利になるだけだった。軍事面ではなく、欧米が優位な経済面での制裁に注力するのが好ましいと考えたのです」

武器支援かエスカレーション回避か——。現在にも続く論点は、当時から米政府を二分していたという。結局、当時はジャベリンなどの強力な武器提供は見送られた。ロシアの抑止よりも、刺激しないことを優先するのがオバマ政権の判断だった。

このころの米国は、すでに「唯一の超大国」としての地位を失いかけていた。国内は長引く対テロ戦争に疲弊し、アジアでは中国の台頭が新たな脅威になっていた。民主主義を守るためとはいえ、ウクライナに軍事介入するほどの余裕は、米国にはなくなっていた。

2017年にトランプ政権が誕生すると、ロシアとの関係も新たな局面を迎えた。トランプ前大統領はなぜ、プーチン氏に厳しく対応できなかったのか。

「トランプ前大統領は、私にこんな質問をしたんです」

２０１９年まで大統領補佐官としてトランプ政権の外交安全保障政策を担ったジョン・ボルトン氏を取材に訪ねると、そう言って当時の記憶を明かしてくれた。

「あれは18年にトランプ氏とプーチン大統領の会談場所を選んでいたときのことでした。ロシア側はウィーンを希望していたのですが、私はフィンランドの首都ヘルシンキにしたかったのです」

どちらの都市を選ぶべきかと相談すると、トランプ氏は「ロシアの好きなようにさせればいい。フィンランドはロシアの衛星国のようなものじゃないのか？」と言ったという。「移動の飛行機の中でも、首脳会談に向けて私が説明をしているのに、彼はテレビでサッカーのワールドカップを見ていましたから」

ロシアによるクリミア併合から約3年。17年にトランプ政権が誕生すると、米国のロシアへの姿勢は大きく揺らいでいった。ボルトン氏の証言からは、そんな経緯が浮かび上がる。

トランプ氏は、ウクライナがロシアの脅威にさらされていることを「認識していなかったし、気にもしていなかった」とボルトン氏は振り返る。ロシアへの制裁強化を進言するボルトン氏に対し、トランプ氏は同意を渋ったという。「彼はプーチン氏のことが好きだった。権威主義的な

記念撮影前に握手する米国のトランプ大統領（当時・左）とロシアのプーチン大統領＝2017年11月10日、ベトナム・ダナン、代表撮影

人物が好きで、個人的な関係を築きたがっていた」とボルトン氏はみる。

　トランプ氏がロシアに厳しい態度を取らなかった理由は、ほかにもあった。当時、トランプ氏が当選した16年大統領選にロシアが介入した疑惑が、米国内では大きな波紋を呼んでいたためだ。「ロシアによる介入疑惑をトランプ氏は決して認めませんでした。（トランプ氏が大統領選でロシアと）共謀していた疑いが強まることを恐れたのです」

　逆にトランプ氏の矛先は、北大西洋条約機構（ＮＡＴＯ）に向かっていた。米国ばかりが国防費を負担するのは不公平だ、というのがトランプ氏の強いこだわりだった。トランプ氏は同盟国への不満を繰り返し公言し、舵取り役を失ったＮＡＴＯは「脳死状態」（マクロン仏大統領）と言われるまでに崩壊した。国内外での分断が進み、混乱が深まったことは、ロシアにとって思惑通りの展開ともいえる状況だった。

21年にバイデン政権が誕生したときには、ロシアによるウクライナ侵攻は間近に迫っていた。同年春には、ロシア軍がウクライナ国境に集結を始めた。のちに侵攻計画を察知した米国は数々の警告を発したが、ロシアは全面侵攻へと突き進んでいった。

「戦略的ナルシシズム」という失敗

米国は、プーチン氏にどう向き合ってきたのか。数カ月間をかけて、記者は米ワシントンを拠点に十数人の元政府高官たちに取材を重ねてきた。結果論で批判をしても仕方がないが、何か教訓めいたものが得られたらというのが一連の取材の狙いだった。

トランプ政権で大統領補佐官(国家安全保障担当)を務めたハーバート・マクマスター氏は、米国の問題点を「戦略的ナルシシズム」に陥っていたことだと指摘する。戦略的ナルシシズムとは「直面する課題を自国との関係においてのみ定義するアメリカの独り善がりな傾向を指す」という。「希望的観測」とも言い換えられる。

ブッシュ政権(子)は2000年代、プーチン氏が権威主義化しているのに気づきつつも、ロシアを民主化するという希望を捨てきれずに対応が後手に回った。

オバマ政権もしかりだった。すでにジョージア侵攻など危険なサインはあったが、ロシアとの協力路線に希望を見いだし、やはり失敗に終わった。

個人的なつながりを築けばプーチン氏の戦略と行動を変えられると信じた点においては、トランプ政権も同じ流れをくんでいたとマクマスター氏は指摘する。

米国が「楽観主義」に陥ってしまった背景には、相手の目線に立ってプーチン氏の論理や感情を理解する姿勢が足りていなかったことが挙げられる。

プーチン分析の決定版とも言われる『プーチンの世界』を著したフィオナ・ヒル氏は同書で、「プーチンは西側の人間たちのことをどうとらえているのか? それを理解しようとして初めて、彼の行動の論理、彼自身が従う論理がみえてくる」と説く。プーチン氏の論理の柱は「ロシアが脅威にさらされている」という認識だ。とりわけ、民主主義や自由市場を奨励する米国の振る舞いは、プーチン氏にとっては「悪意のある陰謀」に映っていた。

「彼の考え方は脳の奥深く根付いたものだ。(中略) プーチンの思考の現実をしかと受け止めなくてはならない」というヒル氏の警告は重い。

米国はプーチン氏の思考回路を変えようと努力し、西側に悪意がないことを主張してきたが、それが通じることは最後までなかった。今回のウクライナ侵攻を受け、不合理とも思える戦争に突き進むほど、プーチン氏の歴史観や被害者意識は強固なものだったのだと改めて思い知ることになった。

米国が対テロ戦争や中国との競争に目を向けるなか、プーチン氏は大国の威信を取り戻す機会を虎視眈々《こしたんたん》とうかがっていたはずだ。

ジョージア侵攻にもクリミア併合にも、米国が強く介入することはなかった。シリアでアサド政権が化学兵器を使った疑惑が浮上した際にも、米国は動かなかった。そして米軍はアフガニスタンからも撤退した――。「世界の警察官」から身を引いた米国の姿は、ロシアにとって好機に映ったとみられる。

バイデン氏は2021年6月、プーチン氏との首脳会談で「安定して予見可能な関係」を呼びかけた。ロシアにはおとなしくしてもらい、対中政策に集中したい――。そんな本音も見透かされていただろう。

結局、何が問題だったのか？　ある現役の政府高官は米国が「希望的観測（Wishful Thinking）」から抜け出せないことだと語った。

米国の一極集中時代は終わり、世界は多極化へと向かっている。軍事的優位性も薄れ、思い通りにいかない場面は一層増えてくるだろう。異なる論理を持つ相手とどう向き合っていくか。それが今後の米国に突きつけられた課題なのかもしれない。

［この章の筆者］国際報道部次長・疋田多揚（前パリ支局長）／高野遼

ウクライナ侵攻までの経緯

プーチン

オバマ　トランプ　バイデン

22	2	ロシアがウクライナに侵攻
21	7	プーチン氏が論文「ロシア人とウクライナ人の歴史的一体性」を発表
21	6	バイデン氏とプーチン氏が初の首脳会談
19	5	ウクライナでゼレンスキー大統領が就任
17	7	トランプ氏とプーチン氏が初の首脳会談
17	1	トランプ氏米大統領就任
16	11	トランプ氏が米大統領に当選。ロシアによる選挙介入疑惑も浮上
15	2	ウクライナ東部の停戦と和解プロセスを定めた「ミンスク合意」
14	4	親ロシア派がウクライナ東部を占拠
14	3	ロシアのG８への参加停止を決定
14	3	欧米各国が対ロ制裁を発動
14	3	ロシアがウクライナに侵攻し、クリミア半島を併合
14	2	ウクライナでマイダン革命。親ロシア派のヤヌコビッチ大統領が亡命
12	5	プーチン氏がロシアの大統領に復帰
11	12	ロシアで大規模な反政府デモが始まる
10	12	反政府デモ「アラブの春」が始まる
10	4	米ロが新戦略兵器削減条約（新ＳＴＡＲＴ）に調印

米国とロシア

大統領

大統領		
ロシア	プーチン	メドベージェフ
米国	ブッシュ(子)	

01	1	ブッシュ米大統領就任
01	6	ブッシュ氏とプーチン氏、初の首脳会談
01	9	米同時多発テロ事件
03		ジョージアで「バラ革命」
04	3	バルト3国などがNATO加盟
04		ウクライナで「オレンジ革命」
07	2	ミュンヘン安保会議でプーチン氏が「米国批判」の演説
08	4	NATOがウクライナとジョージアを「将来の加盟国」に
08	5	ロシア大統領にメドベージェフ氏が就任。プーチン氏は首相に
08	8	ロシアがジョージアに侵攻
08	11	米大統領選でオバマ氏が当選
09	1	オバマ米大統領就任
09	2	バイデン米副大統領が演説でロシアとの「リセット」を発表
09	4	オバマ氏とメドベージェフ氏が初の首脳会談
09	4	オバマ氏がプラハで「核兵器のない世界」を目指すと演説

第10章

［全貌］この戦争は何を意味するのか

ロシアのウクライナ侵攻に伴う全面戦争は、長期化の道筋をたどっている。侵攻から1年の間だけでも、戦局は目まぐるしく変化。各国の様々な思惑が顕在化し、国際秩序について考えを見直す契機にもなった。

この章では、前章までの取材内容を踏まえつつ、ロシア・米国・中国、そして国際社会、それぞれの分野に精通する記者たちの論考を掲載。1年間の世界の動向を総括する。

［ロシアの論理］　プーチンを突き動かす執念の正体

プーチン大統領はなぜ、無謀なウクライナ侵略に踏み切ったのか。この単純な問いに対する明快な答えは存在しない。

この点が不可解なことによって、「いったいどうなればこの戦争が終わるのか」「どういう条件ならプーチン氏は停戦に応じるのか」という、誰もが知りたい疑問に答えることを難しくしている。

2月以降のプーチン氏とロシア軍の言動は、どうにもちぐはぐで、一貫性に欠けている。

開戦に先立つ2月21日、プーチン氏は、ウクライナ東部のドネツク、ルハンスク両州について、国家として独立を承認する考えを表明した。

両州の一部は、2014年以降、ロシアの支援を受けた武装勢力によって占領されていた。プーチン氏の目標は、ロシアによる事実上の支配地域を2州全体に広げることのように思われた。だが、その3日後、ロシア軍はウクライナに対して、北、東、南の3方向から全面侵攻に踏み切る。ゼレンスキー大統領を拘束ないし排除して、ウクライナに親ロ政権を樹立することが狙いだった。

ロシア軍はウクライナの激しい抵抗を受けて、首都キーウ攻略を断念。ショイグ国防相は作戦の第1段階が終了したと一方的に宣言し、東部ドネツク、ルハンスク両州に戦力を集中する考えを表明した。

ところが9月に入って、ハルキウ州の東部で大敗走を喫すると、東部の2州にくわえて、南部のザポリージャとヘルソン州のロシアへの編入を宣言してしまう。

「ロシア領」になったはずの4州のうち、この時点で実際にロシア軍がほぼ全域を占領していたのはルハンスク州だけだ。

それからほどなくして、ロシア軍はヘルソン州の州都ヘルソンを含むドニプロ川の西岸を放棄することを余儀なくされた。ロシアは併合を宣言したばかりの「自国領土」すら防衛することができないという恥ずべき状況を、自ら招いてしまったのだ。

この間、プーチン氏を含む政権幹部は「目的を達成するまで作戦は続く」と繰り返し表明しているが、その目的が東部2州の完全占領なのか、南部も含めた4州の占領なのか、ゼレンスキー政権の打倒なのかは、依然としてはっきりしない。

確かにプーチン氏は、ウクライナ侵攻を正当化するために、これまでいくつもの「物語」を口にしてきた。

いわく、ウクライナの北大西洋条約機構（NATO）加盟を阻止するため。ウクライナのネオナチ政権を打倒し、非武装化と中立化を実現するため。ウクライナが核開発を進めているから。ウクライナ東部のロシア系住民の安全を確保するため――などなど。

だが、これらの主張は、いずれも根拠が薄弱だ。

南部クリミア半島や東部2州をめぐってロシアと紛争状態にあるウクライナが、近い将来NATOに加盟できると考える者は、NATO加盟国でも皆無だった。プーチン氏が「ネオナチ」と非難するゼレンスキー氏は、親族にホロコーストの犠牲者がいるユダヤ系だ。核開発疑惑は、ロシアも加盟している国際原子力機関（IAEA）が明確に否定している。14年以来の紛争で東部住民に死者が出ていることは事実だが、ロシアが主張するような大虐殺は確認されていない。開戦後の一般住民の犠牲者の方が桁違いに多い。

では、プーチン氏を突き動かしている執念の正体は一体なんなのだろうか。

22年4月末にプーチン氏自身が語った言葉に、端的な本音が表れている。

「(ソ連崩壊時に)ロシアがウクライナ独立を好意的に認めたとき、それが友好的な国家だということが、当然の前提だった」

「ロシアの歴史的な領土が『反ロシア』になることは許されない」

ウクライナは本来ロシアの一部だ。それなのにロシアに逆らうなんて、とんでもない。政権の生殺与奪の権はロシアの手中にある、という理屈だ。

プーチン氏がお手本だと考えるのが、西の隣国ベラルーシだ。4月にはルカシェンコ大統領の目前で、こう言い放った。

「私たちは、どこまでがベラルーシでどこがロシアかということを特に区別はして考えていない」「ウクライナ、ベラルーシ、ロシアは三位一体だ」

周辺の独立国の主権も領土不可侵も認めず、自らの勢力圏と見なす世界観だ。これは独立国の主権平等という、国連憲章の原則を真っ向から否定する考えであり、帝国主義やソ連の再来を思わせる時代錯誤だろう。

プーチン氏の主張に触れていると、典型的なDV(ドメスティックバイオレンス、家庭内暴力)男が口にするセリフが思い浮かぶ。

例えば、21年7月に発表した論文で、プーチン氏は「ウクライナの真の主権は、ロシアとパートナーシップがあるからこそ可能である」と主張した。これは「君は僕と一緒にいるから、世間から一人前に扱ってもらえるんだよ」と言っているに等しい。

22年11月には「ロシアはいつもウクライナ国民に温かく接してきたし、今もそれは変わらない」と述べた。耳を疑う言葉だが、これも「殴りたくて殴っているわけじゃない。君を正しい道に戻したいという善意なんだ」という理屈だと思えば、言わんとすることが理解できる。

DVの比喩を続けるなら、問題の本質は、まさにプーチン氏がウクライナ問題を「ドメスティック・マター（国内問題）」として考えているところにある。

実は、こうした考えはプーチン氏だけのものではない。

戦争への賛否はともかく、ウクライナの首都キーウに歴史的な源流を持ち、言語も文化も近い関係にある東スラブの3カ国がバラバラになるのは耐えられないという感覚自体は、ロシア国内で広く共有されている。欧州への接近を急ぐウクライナへの共感がロシアで広がりに欠ける理由の一つだろう。

プーチン氏の大きな誤りは、ウクライナ国民の多くも、本音ではロシアから離れたくないはずだと考えたことにある。

プーチン氏は開戦を宣言した2月24日の演説で、ウクライナ兵に武器を置くよう求め、その翌日には政権打倒まで呼びかけた。ロシアに逆らうゼレンスキー大統領はウクライナ国民から嫌われており、自分が呼びかければウクライナ軍は反乱を起こし、ウクライナ国民はロシア軍を解放者として歓迎するだろう。そう信じていたのではないだろうか。

しかし、プーチン氏が思い描いた「ロシアとの一体化を望むウクライナ」は幻想に過ぎなかった。ウクライナの中では「親ロ的」とされ、ロシア語が日常的に使われている東部や南部でも、ロシア軍は激しい抵抗に直面した。

プーチン氏はキーウ周辺からのロシア軍撤退を決めた後、「作戦開始後の成り行きは、ウクライナのネオナチ思想がいかに根深いかを示している」と悔しさをにじませた。

前述のように、ゼレンスキー氏はユダヤ系であり、ユダヤ人絶滅を図ったナチス・ドイツの思想とは無縁だ。プーチン氏はここで、「ネオナチ」を「反ロシア」という意味で使っている。

この用法を理解するには、第2次世界大戦の歴史を知る必要がある。

1941年6月、ナチス・ドイツが突如としてソ連侵攻を開始した。このとき、ソ連からの独立を夢見ていたウクライナの民族主義者の中に、ソ連が倒されることを期待し、ナチス・ドイツに一時的に協力した者がいたという経緯がある。ソ連がナチス・ドイツに勝利したのち、こうしたウクライナ独立派は「ナチスの手先」として厳しく弾圧された。

こうした歴史を踏まえて、プーチン氏はロシアに刃向かう現代のウクライナ人を「ネオナチ」と呼んでいるわけだ。

また、プーチン氏は、自らのウクライナへの数々の仕打ちを棚に上げて、米国こそがウクライナを誤らせた張本人だと主張している。米国の真の目的はロシアを内部から崩壊させることにあり、ウクライナはその拠点だというのが、プーチン氏が抱く被害妄想にも近い恐怖なのだ。

ロシアの経済は、主として石油・天然ガスの輸出によって支えられてきた。ソ連時代以来の最大の輸出先は欧州だ。新たな油田やガス田の開発のためには、欧米の先端技術も不可欠だ。だから欧米との安定した関係を維持することなくして、ロシア経済は発展できないし、ひいては強力な軍隊を維持することもできない。

プーチン政権の中には、こうした常識的な考え方をする高官も多かった。プーチン氏は長い間、こうした穏当な考えを持つ経済重視派と、強硬な旧KGB（ソ連国家保安委員会）派との間でバランスをとってきた。しかし今回の開戦を機に、前者を切り捨てて、完全に強硬路線に舵を切ってしまったようだ。

プーチン氏が恐れる米国の攻撃は、軍事的なものに限らない。プーチン氏は5月の戦勝記念日の演説で、米国がソ連崩壊後に世界の国々を屈服させ、堕落させてきたと批判した上で、こう誓った。

「我々は違う。祖国への愛、信仰と伝統的価値観、先祖代々の習慣、全ての民族と文化への敬意を決して捨てない」

9月30日にウクライナ東部・南部の4州のロシアへの編入を宣言した際の演説では突然、性的少数者の人権を尊重する潮流への敵意をむき出しにした。

「パパ、ママの代わりに『親1号』『2号』『3号』と呼びたいのか。完全に狂ったのか？ 学校で子供たちに劣化や絶滅につながる性倒錯を押しつけることを望むのか？ 女性と男性以外の性があるかのように教え、性別適合手術を受けさせたいのか？」

陰謀論的な世界観に染まり、自らをロシア世界の伝統的価値観を欧米の精神的な侵略から守る守護神のように考えているのだろう。

こうした偏狭な考えに取り憑かれてしまった背景には、コロナを恐れるあまり、人との接触を極端に減らしてしまったという事情もあったかもしれない。

2019年に「リベラルな価値観は時代遅れになった」と断言して世界を驚かせたプーチン氏が、武力に訴えて隣国に独善的な価値観と歴史観を押しつけようとしているのが、今回の戦争の本質的な構図だ。

だが、ウクライナが、プーチン氏が望むようなロシアに従順な国になる可能性は、すでについえた。プーチン氏自身が、そうした可能性を叩きつぶしたのだ。

プーチン氏が望むような勝利はすでに不可能だ。それでも彼は、自身の「正義」を信じて、「目的」を達成するまで戦いを続ける構えだ。

仮に今後なんらかのかたちで停戦が実現したとしても、プーチン氏のような考えを持つ指導者がロシアを率いる限り、危機はいずれ再燃するだろう。
（論説委員・駒木明義〈元モスクワ支局長〉）

［米国の大義］バイデン政権下での「正しい戦争」

米軍の派兵はしない。しかし、インテリジェンス（機密情報）や武器の提供を中心とする軍事支援、対ロシアの経済制裁には徹底して取り組む。ロシアの侵略と戦い続けるウクライナを、米国のバイデン政権はこうした基本方針のもとで支えてきた。

米国の世論は国外の紛争地に米兵を送ることを望んでいない。だからこそ、バイデン大統領は20年に及んだアフガニスタン戦争を2021年夏に終結させ、ウクライナへの直接的な軍事介入も早々に否定した。一方で「アメリカ第一主義」のトランプ前政権とは一線を画し、国際的な協調は重視している。ウクライナ軍を全面的に支えて反撃の力を与えたバイデン政権の米国は「民主主義対専制主義」の戦いを鼓舞するリーダーとして、威信を取り戻したかにも見える。

軍事、民生を合わせたウクライナへの支援額は徐々に拡大し、予算を含め660億ドル（約9

兆円）規模になった。トランプ前大統領が新型コロナのワクチン開発・供給計画に投じた約200億ドルの3倍以上になる。

内向きな世論がなお根強い米国で、バイデン政権が、ウクライナ関与をここまで進められたのは、なぜなのか。

ひとつには、ロシアを駆逐しようとするウクライナの戦いが、米国内でも、国際社会でも「正しい戦争」と受け止められ、広く支持されたことがある。米国では、政治的な分極化や分断が進んでいるが、バイデン政権による経済制裁、軍事支援への世論の支持は党派を超えて高く、一時は70％台に達した。

北大西洋条約機構（NATO）加盟の欧州諸国は、今回の危機をきっかけに軍備増強に舵を切った。中立を保ってきたスウェーデン、フィンランド両国はNATO加盟を申請した。日本も防衛費を増額させる。

それでも、バイデン政権はかつての「対テロ戦争」のような直接的な軍事介入には極めて抑制的だ。米国にとっての優先課題は、新型コロナなどで傷ついた国内経済の回復やインフレ対策、台頭する中国との「大国間競争」だからだ。国際的な課題に対応する際に、同盟・友好国との連携を重視する背景には、こうした事情もある。

米国が欧州と団結して「専制主義」のロシアに対抗する様子は、米国の「最大の競争相手」である中国の習近平政権に、暗黙のメッセージを送っているとも受け止められた。力による秩序の変更を警戒する「同志国」（Like-minded Countries）が新たな結束を探る動きは、中国が台頭するアジアでも始まった。

第1次世界大戦への米国参戦を決めたウィルソン大統領（在任期間1913〜21年）は、米国の国際的な役割は「救世主」の役割を果たすときに正当化されると考えていた。「バイデンの戦争」も、こうした伝統的な考え方に沿っている。ロシアによるウクライナ侵攻開始から約1カ月後、ポーランドの首都ワルシャワで演説したバイデン氏は、リンカーン元大統領の言葉を引用し「正義が力になると信じよう」と訴えた。

ただし、ウクライナ対応はバイデン政権の浮揚にはつながらなかった。深刻なインフレへの不満は大きく、支持率は40％前後で低迷した。22年11月の中間選挙では、バイデン氏の民主党は、一時は連邦議会の上下両院を共和党に奪われると言われながら、上院の多数派を僅差で維持した。共和党が握った下院では、ウクライナへの巨額支援に懐疑的な議員がキャスティング・ボートを握る。22年10月のウォール・ストリート・ジャーナルの調査では、共和党支持者の半数は「米国はウクライナに支援をし過ぎている」と回答した。ロシアに対する欧州各国の温度差も目立ち始めた。

バイデン氏は「ウクライナで米国がすること、しないこと」と題する一文を22年5月にニューヨーク・タイムズに寄稿した。「ウクライナ支持は単に正しいだけではない。欧州の平和と安定を保つことは、米国の不可欠な国益だ」とする一方で、「ロシアに苦痛を与えるためだけに、戦争を長期化させることはない」などと米国の介入に一定の歯止めがあることを強調した。

しかし、実際には、米国の手厚い支援によって、ウクライナ軍はロシア軍をときに押し返すような戦いが可能になっている。米国の支援ゆえに長期化が予想される戦争に、どこまで関与を続けるのか。戦いが長期化するにつれ、バイデン政権は米国内外で根源的な質問を突きつけられる機会が多くなりそうだ。

ウクライナを舞台とする「バイデンの戦争」は、米国が中国と覇権を争いながら、民主主義国家を中心とする国際秩序の維持にどの程度まで関わるのかを示したとも言える。

そこで見えてきたのは、同盟・友好国が米国に期待できる役割は、ますます限られてきている、という現実だ。日本は、中国やロシアという専制的な核保有国と隣り合い、台湾有事や北朝鮮の核開発という脅威にも直面している。安全保障環境の激変を理解しながら、ウクライナ情勢への米国の向き合い方を注視していくべきだ。

(アメリカ総局長・望月洋嗣)

［中国の思惑］ 強まる対米不信、緊張高まるアジア

ウクライナ危機が世界に教えたことの一つは、中国が米国に抱く不信の抜き差しならない根深さだ。ウクライナの領土や主権、罪のない市民の命が犠牲になっているにもかかわらず、中国が米国との対立を見据えた自国の戦略利益にこだわる姿を私たちは目の当たりにした。戦争の帰結がどうあれ、この先に待つのが一層分断を深めた世界であることを私たちは覚悟しなければならない。

2022年2月、習近平国家主席は北京冬季五輪の開会式に出席したプーチン大統領と会談した。この時、プーチン氏が侵攻への決意をどこまで語ったのかは明らかではないが、侵攻直後の中国の対応は事態への備えが十分にできていなかったことを印象づける。

当初、中国は米欧と一線を引きつつ、「正義がどちらにあるかを見て立場を決める」（習主席）として、自らの立ち位置を探った。

たとえば3月、中国政府に政策提言する立場にある胡偉・国務院参事室公共政策研究センター副理事長が米国のサイトに論考を発表した。胡氏はロシアの侵攻が、西側の民主主義陣営とそれに反する陣営を隔てる「新たな鉄のカーテン」を生むと指摘。日本などとの連携の深化を含む米

国のアジア太平洋戦略がさらに強まると予測し、中国は孤立を避けるためにも「プーチンと手を切るべきだ」と主張した。

胡氏の論考は、当時、中国の体制内部にもロシアの暴挙への批判的な見方があり、ロシアに巻き込まれて米欧との対立が深まることへの懸念が存在していたことを示す。

しかし、この論考は中国ではすぐに閲覧できなくなった。ロシアやプーチン氏に対する批判は広がらず、政権は次第に「危機の原因を作ったのは、ロシアの懸念を無視して拡張し続けた北大西洋条約機構(NATO)である」との立場を鮮明に打ち出すようになった。

様子をうかがうように固く口を閉ざしていた中国の外交官や識者たちも、そうした政権の立場をなぞるように発言し始めた。彼らの言葉に強くにじんだのは、「対ロ制裁に加わっても米国の対中抑圧政策が和らぐわけではない」(閻学通《ヤンシュエトン》・清華大学国際関係学院長)という強い対米不信と、それに基づく自国利益優先の姿勢だった。

10月に開かれた共産党大会で異例の3期目続投を決めた習氏は、「中国式現代化」というスローガンを掲げ、今後の中国は欧米諸国や旧ソ連などとも違う独自の発展の道を進むと宣言した。

習氏が目指すのはつまるところ、米欧の制度や価値観を相対化し、米欧主導で築かれてきた国際秩序への対抗軸をつくることにほかならない。中国は「国連を中心とする国際秩序の守り手」を自任しながら、明らかな国連憲章違反を犯したロシアへの批判を避けた。その背景に、この先に待ち受ける米欧との長い競争や対決を考えての戦略判断があったのは疑いない。

侵攻以降、中国国内でロシア軍の残虐な行為が報じられることはまれだ。統制の利いた言論空間で流布したのは体制側の言説に沿った情報がほとんどだった。政府のプロパガンダから距離を置く市民も少なくないとはいえ、危機の責任を米国に求めようとする層は想像以上の厚みがあった。ネットで見かけた「ウクライナには同情するが、ロシアの気持ちも理解する」という匿名の書き込みは、中国世論の最大公約数のように私には思えた。


気をつけなければならないのは、今回の事態を私たちと異なる視線で見ていたのは中国だけではないということだ。

たとえば、インド。シン元首相の国家安全保障顧問を務めたシブシャンカル・メノン氏は4月、米外交誌への寄稿で「アジアで対ロ制裁に加わったのは日韓とシンガポールだけだ」と指摘した。メノン氏は「主権や領土の侵害は、大国によってアジアが過去に何度も目の当たりにし、経験してきたものだ」として、米国の侵攻が多くの悲劇を生んだイラク戦争やベトナム戦争に言及しながら米欧の唱える「大義」に疑問を呈した。

5月に訪日したバイデン米大統領は「我々は民主主義国の仲間とともにあり、我々が共有する価値のために立ち上がるつもりだ」と力を込めた。だが、たとえば、米国が国内事情を優先しアフガニスタンから軍を撤退させたことはまだ世界の人々の記憶に新しい。アジアでの有事の際、地域諸国がウクライナに対する欧州諸国のように米国との連携に応じるとは限らない。1月、日本外務省が東南アジア諸国連合（ASEAN）の国々で行った世論調査で、「今後重要なパートナーとなる国」のトップが中国だったことは、経済も含めて複雑に結びつくこの地域のリアルな側面だろう。

今回の危機は、アジア最大の火種の一つである台湾問題への懸念も膨らませた。中台統一を「歴史的任務」と言い切る習指導部は、ウクライナの戦況や国際社会の動きをつぶさに分析したはずだ。

8月、ナンシー・ペロシ米下院議長の訪台に対し、中国は大規模な軍事演習を展開するなど激しく反発した。一連の動きは、習氏が公言してきた「決して武力行使の放棄を約束しない」という決意の現れでもあった。

とはいえ、台湾への武力侵攻が軍事的、政治的、経済的に甚大なリスクを伴うことは中国も承知している。ロシアに対するウクライナの抵抗と反撃、そしてそれを支える米欧諸国の連携は、中国にとっても大きな教訓になったはずだ。「平和統一が最善の方法」（習氏）との認識は、そう簡単に覆るものではない。

日本は、地域の安全保障環境の変化に備えなければならない。しかしその一方で、相手の考えや実態を見極めにくくさせる国家間の分断と、ロシアの侵攻の一因となった相互不信の連鎖が、この地域で強まっていることにも深く警戒しなければならない。

米中対立の下、中国でも勇ましい言葉が幅をきかせているが、「中米間のコミュニケーションの質が落ちている。（双方の）『政治的正しさ』におもねる政治ショーがあふれ、多くの疑心やパニックを生んでいる」（崔天凱《ツォイティエンカイ》・前駐米大使）といった懸念の声もある。ウクライナの悲劇をアジアで繰り返さぬために米中と地域諸国に今こそ求められるのは、互いの意図を見定め、緊張をコントロールするための冷静で重層的な努力だ。

（中国総局長・林望）

［国際社会の試練］　いかに平和を取り戻すか

ロシア軍のウクライナ侵攻から1年近くを経て、戦況は意外な展開となっている。人員不足と士気低下に苦しむロシア軍を、ウクライナ軍が押し返し、ひとたび占領された地域を徐々に奪い返していく。このような事態を、誰が予想しただろうか。

2月の侵攻当初、ロシア軍は数日で首都キーウに迫った。ウクライナは、国家としての存続さえ危ぶまれた。

しかし、3月末に首都近郊からロシア軍を撤退させた後は、各地で徐々に形勢を逆転させた。9月には北東部ハルキウ州で反攻を加えて失地を大幅に回復したほか、11月には南部ヘルソン州で州都を解放した。

ロシアが今後、攻勢を強めてウクライナの国土を広範囲に占領したり、ゼレンスキー政権を転覆させたり、といった展開は、2023年1月現在、考えにくい。

それにつれて、冷戦後に世界が培ってきた国際法の順守や主権の尊重、人権擁護などを基軸に置く国際秩序への影響を懸念する声も、次第に静まってきた。

当初は、ロシアが軍事的な成果を上げることによって「力任せの秩序が到来するのではないか」「新冷戦が復活しかねない」などの懸念が取りざたされた。その後、こうした言説は下火になり、「ロシアには結局、歴史の流れを変える力などなかった」との認識が広がりつつある。

青山学院大学の菊池努名誉教授は、こう語る。

「現在はむしろ、新たな世界の始まりではなく、ソ連という『帝国』が崩壊する最終段階にあたると考えられる。歴史の流れからみると、今回の侵略は、帝国崩壊の際にしばしば生じる血なまぐさい事件の一つだ」

菊池氏は、「ロシアにうかがえるのは、強かった時代へのノスタルジーと、自分たちの現実の力との間に生じたギャップに、耐えられなくなった姿だ。失われた栄光を取り戻すために、非合理的な行動や現実を無視した暴力に訴えたといえる」とみる。

そして、ロシアをウクライナ侵攻に突き動かしたのは、「『二流国家として軽んじられてきた』という屈辱感だろう。世界から一目置かれる国家としての地位を取り戻したかったのではないか。それは、『冷戦』が名実ともに終わりを告げようとしていることも意味する」と指摘する。


こうした流れの中で、国際秩序を損なうことなく、ウクライナにいかに平和を取り戻すか。多数の命を奪う戦争は、一刻も早く終わるのが望ましい。ただ、今回の戦争の場合は、終戦が必ずしも平和の到来を意味しない。

ロシア軍の撤退後間もなく、キーウ郊外ブチャに入った私は、拷問が疑われる多数の遺体や地下室に残る処刑の痕跡を目にした。ここでの虐殺は、ロシア軍が占領地で繰り広げたと疑われる非人道的行為の一端に過ぎない。ロシアの支配下での停戦は、犠牲をさらに積み重ねる結果となりかねない。

加えて、ロシアとの安易な妥協は侵略戦争の容認であり、国際秩序の崩壊を招く恐れが否定できない。軍事大国の攻撃に常におびえて暮らす世界を、次世代に残すべきではない。

問題解決の第一歩は、ロシアに占領を許したままでの停戦などではなく、ウクライナからのロシア軍の全面撤退にほかならない。

この大原則をいかに実現するか。国際社会は、軍事面、政治面に限らず、国内避難民や難民の保護、教育の機会の提供、医療再建といった面で、ウクライナをしっかり支えたい。一方、ルールを無視するロシアと、今後どのような関係を結ぶのかも、議論が必要だ。

国際秩序を保ち、世界を安定に導くには、米国、欧州、国連といった、ウクライナを支える関係国や組織のコンセンサスが欠かせない。最も重要なのは、戦争の終息に向けた具体的な道筋が議論され、立場の違いが生じる際に、結束を崩さないことだ。

結びつきを深めるだけでなく、広げることにも、苦心すべきだろう。中国やインド、さらにはアジア各国やアフリカ諸国に、その意識が十分共有されているとも言い難い。

これらの国々を包含した秩序をいかに構築していくか。そこに、日本が担うべき役割も見いだせる。「ルールに基づく国際秩序」の擁護を責務と位置づけてきた日本には、その理念を具体的に実現する努力が求められている。

（欧州駐在編集委員・国末憲人〈前ヨーロッパ総局長〉）

あとがき

ロシアによるウクライナ侵攻。この1年、この言葉を見聞きしない日はなかった。日本に逃れてきた難民たちの窮状を知り、ウクライナへの連帯意識を覚えた人もいるだろう。

しかし、それ以前、日本に住む私たちの多くは、ウクライナのことをほとんど知らないか、関心を持っていなかったのではないか。

たしかに、2014年のクリミア半島併合や東部での紛争勃発は、日本でも大きなニュースとなった。私も当時、ロンドン駐在の特派員として首都キーウや紛争前夜の東部ドネツク州を取材した記者の一人だった。だが、欧米の対ロ制裁はプーチン大統領の横暴を食い止めるには不十分で、日本政府はロシアとの関係強化に邁進した。ウクライナへの関心も次第にしぼんでいった。

その8年後、プーチン氏が唐突に、あるいは計算ずくで始めたウクライナ侵攻は、第3次世界大戦や核兵器の使用にすら発展しかねない恐れをはらむものとなった。

この未曽有の侵略戦争の現場で、何が起きているのか。そこに住む人びとはどんな思いでいるのか。日本の読者に伝えるべく、朝日新聞の海外特派員、東京を拠点とする国際報道部、映像報道部の記者たちが、2022年1月から重ねてきた現地取材の一端を紹介したのが、本書である。

民間人に対する監禁、拷問、虐殺、性暴力、地雷被害、市街地に降り注ぐ砲弾……。一連の現地ルポは、「ウクライナ側の自作自演だ」といったロシア側のプロパガンダの欺瞞を暴き、ウクライナ各地で行われた数々の残虐行為が実際に起きていたことを裏付けている。

取材班は、人びとが胸に秘めた思いにも迫った。歌手や画家は、収益で前線の兵士を支えようとコンサートを再開し、絵画を売っていた。戦場で息子を失った母親の後悔からは、勇ましい言葉の前にかき消されがちな反戦平和への思いがにじむ。

停戦の見通しは立たず、侵攻が数年つづくとの見方もある。本書を手にとり、遠いウクライナで起きていることは決してひとごとではないと感じ取っていただけたら、幸いに思う。

書籍化にあたっては、侵攻当初にヨーロッパ総局長としてウクライナ報道の指揮を執った国末憲人編集委員が構成を練り、各記者が朝日新聞デジタルおよび紙面で掲載されたルポや論考記事に一部加筆した。1〜9章の序文は新たに書き下ろし、侵攻当初に欧州担当デスクだった伊東が監修を担った。写真は、自らも現地で取材した映像報道部の矢木隆晴デスクが選定にあたった。

本書で名前を紹介した記者たちのほかにも、数多くの海外特派員や記者がウクライナでの取材にかかわり、東京では国際報道部が一丸となって側面支援をしてくれた。そして、ウクライナ人通訳やコーディネーターの支えなしに、これらの記事が生まれることがなかったのはいうまでもない。

最後に、朝日新聞出版の飯塚大和氏と書籍編集部長代理の宇都宮健太朗氏からは、構成やルポの選定にあたって貴重なアドバイスをいただいた。本書の出版にかかわってくださったすべての方々に、心から感謝を申し上げたい。（国際報道部次長・伊東和貴〈元ヨーロッパ総局員〉）

ウクライナ侵攻 1年間の主なできごとを振り返る

2月

21日 ロシアのプーチン大統領が、ウクライナ東部で親ロシア派組織が名乗る「ドネツク人民共和国」と「ルガンスク人民共和国」の独立承認の大統領令に署名

23日 ウクライナ全土に非常事態宣言

24日 早朝、プーチン氏がウクライナ東部での「特別軍事作戦」の実施を発表。首都キーウ（キエフ）などへのミサイル攻撃や空爆が始まる

ウクライナのゼレンスキー大統領が戦時体制の導入を宣言

ロシア軍がチェルノブイリ原発を占拠

25日 国連安全保障理事会でロシア非難決議案を採決、ロシアが拒否権行使

26日 欧州連合（EU）と米英などが国際送金システムを担うSWIFT（国際銀行間通信協会）からロシアの銀行を締め出す制裁で合意

28日 ベラルーシのホメリ地方で1回目の停戦協議

3月

2日 国連総会緊急特別会合でロシア非難決議採択。賛成141、反対5、棄権35

3日 国際パラリンピック委員会が、翌日開幕の北京冬季大会にロシアとベラルーシ選手の参加を認めないことを決定

ロシア軍が南部ヘルソン州を制圧

ベラルーシ西部で2回目の停戦協議。「人道回廊」の設置で合意

4日 ロシア軍が中南部ザポリージャ原発を攻撃

ロシアで「偽情報を流した」と当局がみなした記者らに最大15年の禁錮刑を科す改正法が成立

7日 ベラルーシ西部で3回目の停戦協議

9日 ロシア軍がウクライナ南東部マリウポリの産科病院を攻撃、妊婦ら死傷

11日 米国がロシアの貿易面の「最恵国待遇」撤廃を表明。日欧も追随

14日 4回目の停戦協議がオンライン形式で始まる

16日 ゼレンスキー氏が米議会でオンライン演説。米国は軍事支援追加を表明

25日 ロシア軍参謀本部のルツコイ作戦本部長がウクライナ東部での作戦に集中する意向を表明

29日 トルコで5回目の停戦協議。ウクライナ側は軍事同盟に入らない代わりに、自国の安全保障に関する国際条約の締結を提案。ロシア側はキーウなどへの攻撃を「劇的に減らす」と表明

31日 ウクライナの国営原子力企業エネルゴアトムがロシア軍がチェルノブイリ原発から撤退したと発表

4月

2日 ウクライナ側がキーウ州全域が「解放された」と表明

3日 キーウ近郊のブチャなどで民間人の殺害が判明

5日 ゼレンスキー氏が国連安保理でオンライン演説

EUが石炭の輸入禁止などの追加制裁の方針を表明

9日 英国のジョンソン首相がキーウを電撃訪問し、ゼレンスキー氏と会談

12日 プーチン氏が侵攻後初めて会見。「作戦を続ける」

18日 ゼレンスキー氏が東部ドンバス地方へのロシア軍の本格攻撃が始まったと表明

21日 ロシアのショイグ国防相がマリウポリを掌握したとプーチン氏に報告。プーチン氏はウクライナ兵が立てこもり、市民が避難する製鉄所「アゾフスターリ」への攻撃の中止と封鎖を命じる

30日 「アゾフスターリ」から市民の避難が始まる

5月

4日 EUがロシアへの追加制裁として、ロシア産石油の輸入を年内に禁止する方針を表明

6日 ロシア国民388万人が今年1～3月に出国したとロシアメディアが報道

9日 バイデン氏がウクライナなどへの武器貸与の権限を大統領に与える「レンドリース（武器貸与）法案」に署名

10日 ベラルーシのルカシェンコ大統領、同国南部のウクライナとの国境付近に特殊部隊を配備と発表

13日 ウクライナ侵攻でのロシア軍兵士の戦争犯罪を問う初の裁判がキーウで始まる

18日 フィンランドとスウェーデン、北大西洋条約機構（NATO）に加盟申請

20日 ロシア国防省がマリウポリを完全に制圧したと宣言

25日 プーチン氏、ウクライナ南部ヘルソン州と中南部ザポリージャ州の住民を対象に、ロシア国籍の取得手続きを簡素化する大統領令に署名

6月

2日 ゼレンスキー氏が、領土の約20％がロシアの支配下にあると演説で述べる

5日 ロシア軍がウクライナの首都キーウに約1カ月ぶりにミサイル攻撃

11日 ロシア軍が制圧を進めるウクライナ南部ヘルソンとメリトポリでロシアのパスポート配布が開始

23日 EUが首脳会議で、ウクライナをEUの加盟候補国に認定すると決定

25日 ウクライナ東部ルハンスク州の主要都市・セベロドネツクをロシア軍が制圧

29日 NATOが、スウェーデンとフィンランドの加盟で合意。新たな「戦略概念」で、ロシアを「最大かつ直接の脅威」とし、中国への強い警戒感を示す

7月

3日 ロシア軍が、ウクライナ東部ルハンスク州のリシチャンスクと周辺の集落を制圧し、同州全域の掌握を宣言

11日 プーチン氏が、ロシア国籍の取得手続きの簡素化を住民に認める地域をウクライナ全土に拡大する大統領令に署名

12日 侵攻を受けるウクライナの民間人の死者数が5千人を超えたと国連人権高等弁務官事務所（OHCHR）が発表

24日 ロシア軍が制圧している南部ヘルソンの橋に対し、ウクライナ軍が攻撃。南部でウクライナ軍が反転攻勢

28日 中国の王毅（ワン・イー）国務委員兼外相がロシアのラブロフ外相と会談。両国関係の強化に意欲を示す

30日 ゼレンスキー氏が東部ドネツク地域の住民に避難命令

8月

2日　国連難民高等弁務官事務所（ＵＮＨＣＲ）の集計で、ウクライナから国外に脱出した人が1千万人を超える

5日　ロシア軍の支配下にあるウクライナ南部ザポリージャ原発への攻撃があり、設備の一部が壊れる。ウクライナとロシアの双方が相手側に責任があると非難

11日　国連安全保障理事会がザポリージャ原発をめぐって緊急会合を開く

13日　東部ドネツク州でロシア軍の攻撃が強まる

16日　ロシアが実効支配する南部クリミア半島のロシア軍の弾薬庫や軍用空港で大きな爆発が起きる。ウクライナ側による攻撃か

25日　ザポリージャ原発で、外部からの電力供給が初めて一時的に途絶える。原発近くでの火災が原因で、非常用の発電機で電源が確保される

29日　ウクライナ軍が南部のヘルソン州などでロシア軍に対して大規模攻撃を開始

30日　旧ソ連最後の最高指導者で、東西冷戦を終結に導いたミハイル・ゴルバチョフ元ソ連大統領が死去。91歳だった

ザポリージャ原発を調べるＩＡＥＡの調査団がキーウに到着。グロッシ事務局長らがゼレンスキー大統領と会談

9月

5日　北方領土の元島民らによる「ビザなし渡航」について、ロシアは日本との合意を破棄すると発表

6日　ＩＡＥＡがザポリージャ原発について国連安保理に報告。核燃料保管施設などが砲撃で損傷したとし、軍事活動が続けば「放射能による受け入れがたい結果をもたらしうる」と警告

8日　ゼレンスキー氏は自らのＳＮＳに北東部ハルキウ州の町バラクリヤを奪還したと投稿

10日　ウクライナ軍は北東部ハルキウ州のクピャンスクを奪還。ロシア国防省はウクライナ東部イジューム周辺から部隊を撤退させると発表

15日　ゼレンスキー氏がイジュームで「集団墓地」が発見されたとビデオ演説で明らかに

20日　ロシアが占領するウクライナの東部、南部4州で、親ロシア派勢力が「ロシアへの編入」を問う住民投票の実施を発表

21日　プーチン氏は「部分的な動員令」を発動し、予備兵約30万人を招集すると発表。ロシア各地で抗議デモが起きる

27日　ウクライナ東部、南部の計4地域の親ロシア派勢力は「住民投票」の開票を終え、９割超の圧倒的多数がロシア編入に同意したと主張

30日　プーチン氏はウクライナ東部、南部で占領する4州を自国に併合すると一方的に宣言

10月

1日　ウクライナ軍はロシアが併合宣言した東部ドネツク州リマンに突入し、市内をほぼ掌握

5日　プーチン氏が、ロシア政府にザポリージャ原発の国有化を命じる大統領令に署名

8日　ウクライナ南部クリミア半島とロシアを結ぶ「クリミア橋」で爆発

10日　キーウ中心部を含むウクライナ各地に大規模ミサイル攻撃。１２０人以上が死傷。プーチン氏はクリミア橋の爆発への反撃だとし、さらなる報復の構え

14日　プーチン氏は9月に発表した部分的な動員令を「2週間以内に完了する」と明言。追加動員については「計画はない」と否定

23日　ロシアのショイグ国防相は米国、フランス、トルコ、英国の国防相と電話協議し、「ウクライナ政府が『汚い爆弾』（ダーティーボム）を使用する可能性」について懸念を伝える。米英仏などは、ロシアが「汚い爆弾」を口実に戦争のエスカレーション（段階的拡大）を図る可能性を懸念

26日　ウクライナ南部ヘルソン州をめぐり、現地の親ロシア派幹部はドニプロ川の西岸から、住民7万人以上をロシアの支配が固い東岸に避難させたとSNSに投稿

11月

3日　IAEAはウクライナが放射性物質を含んだ「汚い爆弾」の使用を準備している兆候は発見されなかったと明らかに

9日　ロシアのショイグ国防相はウクライナ南部ヘルソン市などドニプロ川の西岸地域からのロシア軍撤退を命じる

11日　ウクライナ軍はヘルソン市に入り、市内をほぼ掌握。ゼレンスキー氏は「今日は歴史的な日だ。私たちはヘルソンを取り戻しつつある」と宣言

14日　国連総会はウクライナ侵攻を続けるロシアに損害賠償を要求する決議を採択

15日　ポーランド南東部のウクライナ国境そばの村にミサイルが着弾し、2人が死亡

16日　ポーランドへのミサイル着弾を受け、G7はバリ島で緊急首脳会合を開催。バイデン氏は会合後、「軌道を考えると、ロシアから発射された可能性は低い」と話した。ポーランドのドゥダ大統領も、ウクライナの対空ミサイルだった可能性が高いとした

23日　ロシア軍がウクライナ全土に大規模なミサイル攻撃。各地に緊急停電が広がり、首都キーウと周辺のキーウ州では住宅にも着弾し、計4人が死亡

29日　NATO加盟30カ国の外相は、ウクライナに軍事支援だけでなく、冬を越すための非軍事面での支援強化をうたった共同声明を発表

12月

1日　ウクライナ軍参謀本部はザポリージャ原発の東側にある三つの町で、ロシア軍に撤退の動きがあるとSNSに書き込んだ

5日　モスクワ南東のジャギレボ空軍基地とロシア南部エンゲリスにある空軍基地がウクライナ軍のドローン攻撃を受け、3人が死亡、軍用機2機が破損したとロシア国防省が発表。ロシア軍は爆発後、ウクライナ国内への大規模なミサイル攻撃を実施

7日　米タイム誌が年末恒例の「今年の人」にウクライナのゼレンスキー大統領と「ウクライナの精神」を選ぶ

19日　プーチン氏が同盟国のベラルーシを訪問してルカシェンコ大統領と会談。プーチン氏がベラルーシを訪問したのは2019年以来

21日　ゼレンスキー氏が米ワシントンを訪問し、米議会で演説。バイデン氏は高性能の地対空ミサイル「パトリオット」1基の提供を含む、18億5千万ドル（2450億円）の追加軍事支援をするとゼレンスキー氏に伝える

1月

5日　プーチン氏がロシア正教のクリスマスに合わせて36時間の「停戦」を一方的に呼びかける。ウクライナ側によれば、当該期間中もロシア軍は東部ドネツク州や南部ヘルソン市など各地で攻撃を続行

現地取材400日で見えた
検証 ウクライナ侵攻10の焦点

2023年２月28日　第１刷発行
2023年３月30日　第２刷発行

著　　者　朝日新聞取材班
発 行 者　三宮博信
発 行 所　朝日新聞出版
〒104-8011　東京都中央区築地５－３－２
電話　03-5541-8832（編集）
　　　03-5540-7793（販売）
印刷製本　広研印刷株式会社

Published in Japan by Asahi Shimbun Publications Inc.
ISBN978-4-02-251893-4
定価はカバーに表示してあります。